全国基金从业人员执业资格认证考试热题库

全国资格认证考试热题库编委会
季伟　主编

策划编辑：陈希尔
封面设计： 砚祥志远·激光照排

如有任何疑问
请联系客服人员

联系我们：
地址：辽宁省大连市沙河口区星海大厦
电话：0411-84669496
邮箱：retiku@retiku.cn

扫一扫，关注中国纺织出版社热题库系列

中国纺织出版社
热题库

中国纺织出版社
官方微信大众版

中国纺织出版社
官方微博

中国纺织出版社
天猫旗舰店

ISBN 978-7-5180-4030-8

9 787518 040308 >

定价：58.00元

 中国纺织出版社
全国百佳出版单位
国家一级出版社

内 容 提 要

本书主要依据基金从业资格全国统一考试大纲中的"基金法律法规、职业道德与业务规范"科目要求而编写，内容涵盖思维导图、模拟试卷、热题库三部分，思维导图能够帮助读者理清复习脉络，模拟试卷可以帮助读者检测复习效果，热题库可以帮助读者逐一击破考试重点、难点及易错点，增强应试能力。

图书在版编目（CIP）数据

全国基金从业人员执业资格认证考试热题库. 基金法律法规、职业道德与业务规范 / 全国资格认证考试热题库编委会，季伟主编. — 北京：中国纺织出版社，2017.11

全国资格认证考试热题库

ISBN 978-7-5180-4030-8

Ⅰ.①全… Ⅱ.①全…②季… Ⅲ.①基金—投资—从业人员—中国—资格考试—习题集②证券投资基金法—中国—资格考试—习题集③基金—投资—职业道德—资格考试—习题集 Ⅳ.①F832.51-44

中国版本图书馆CIP数据核字（2017）第219830号

策划编辑：陈希尔　　责任印制：储志伟

中国纺织出版社出版发行
地址：北京市朝阳区百子湾东里A407号楼　邮政编码：100124
销售电话：010—67004422　传真：010—87155801
http://www.c-textilep.com
E-mail: faxing@c-textilep.com
中国纺织出版社天猫旗舰店
官方微博http://weibo.com/2119887771
三河市延风印装有限公司印刷　各地新华书店经销
2017年11月第1版第1次印刷
开本：787×1092　1/16　印张：10.5
字数：230千字　定价：58.00元

凡购本书，如有缺页、倒页、脱页，由本社图书营销中心调换

纺织社资格考试系列热题库

全国银行业专业人员职业资格考试热题库

《银行业法律法规与综合能力》（初级）

《银行业法律法规与综合能力》（中级）

《风险管理》（初级）

《风险管理》（中级）

《个人贷款》（初级）

《个人贷款》（中级）

《个人理财》（初级）

《个人理财》（中级）

《公司信贷》（初级）

《公司信贷》（中级）

《银行管理》（初级）

《银行管理》（中级）

全国期货从业人员执业资格考试热题库

《期货法律法规》

《期货基础知识》

《期货投资分析》

全国证券从业人员执业资格考试热题库

《金融市场基础知识》

《证券市场基本法律法规》

全国基金从业人员执业资格考试热题库

《基金法律法规、职业道德与业务规范》

《证券投资基金基础知识》

《私募股权投资基金基础知识》

心理咨询师国家职业资格考试热题库

《心理咨询师》（二级）

《心理咨询师》（三级）

目 录

一、热题库使用说明

二、思维导图

    第一章 金融、资产管理与投资基金

    第二章 证券投资基金概述

    第三章 证券投资基金的类型

    第四章 证券投资基金的监管

    第五章 基金职业道德

    第六章 基金的募集、交易与登记

    第七章 基金的信息披露

    第八章 基金客户和销售机构

    第九章 基金销售行为规范及信息管理

    第十章 基金客户服务

    第十一章 基金管理人的内部控制

    第十二章 基金管理人的合规管理

三、模拟试卷

    《基金法律法规、职业道德与业务规范》模拟试卷（一）

    《基金法律法规、职业道德与业务规范》模拟试卷（二）

    《基金法律法规、职业道德与业务规范》模拟试卷（三）

参考答案及解析

第一章 金融、资产管理与投资基金

第一节 金融市场与资产管理行业

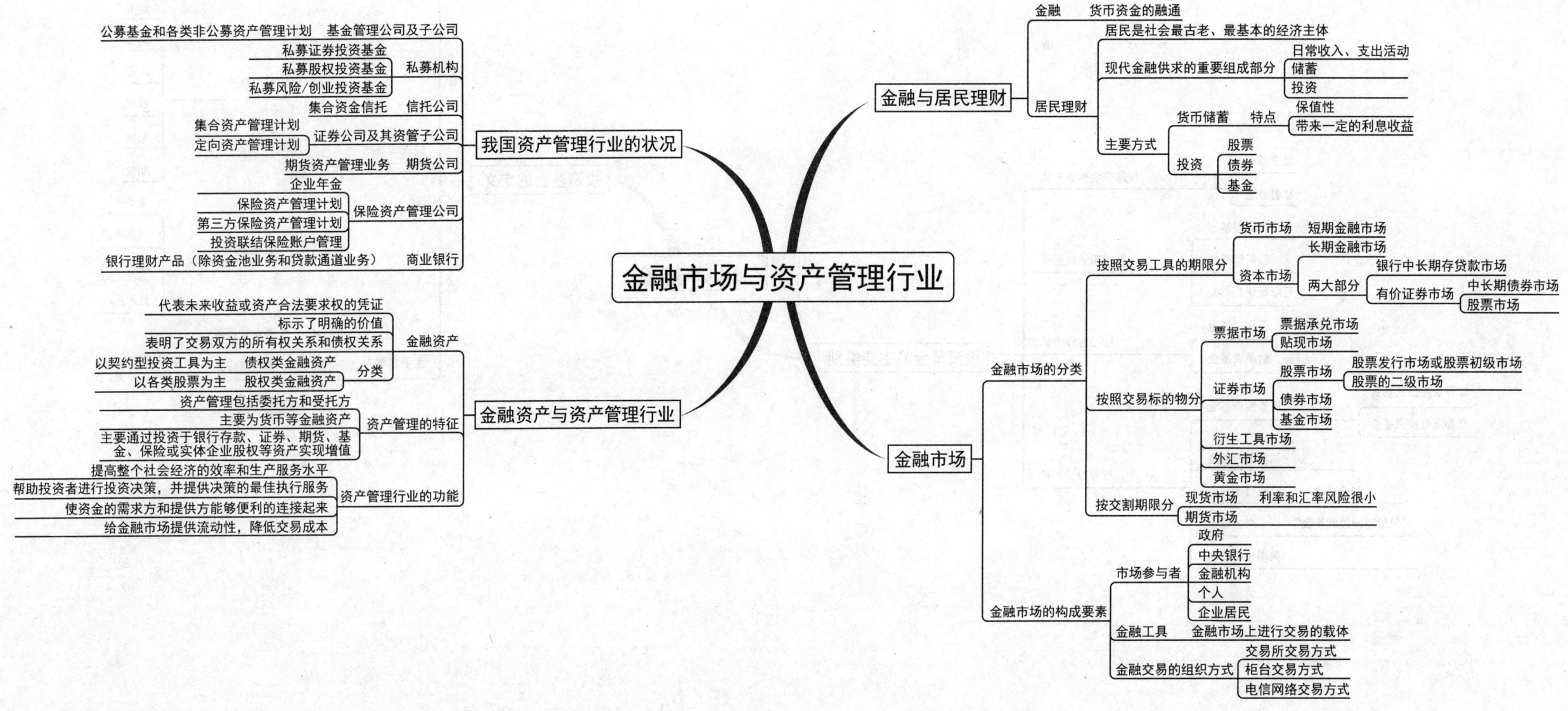

第二节 投资基金

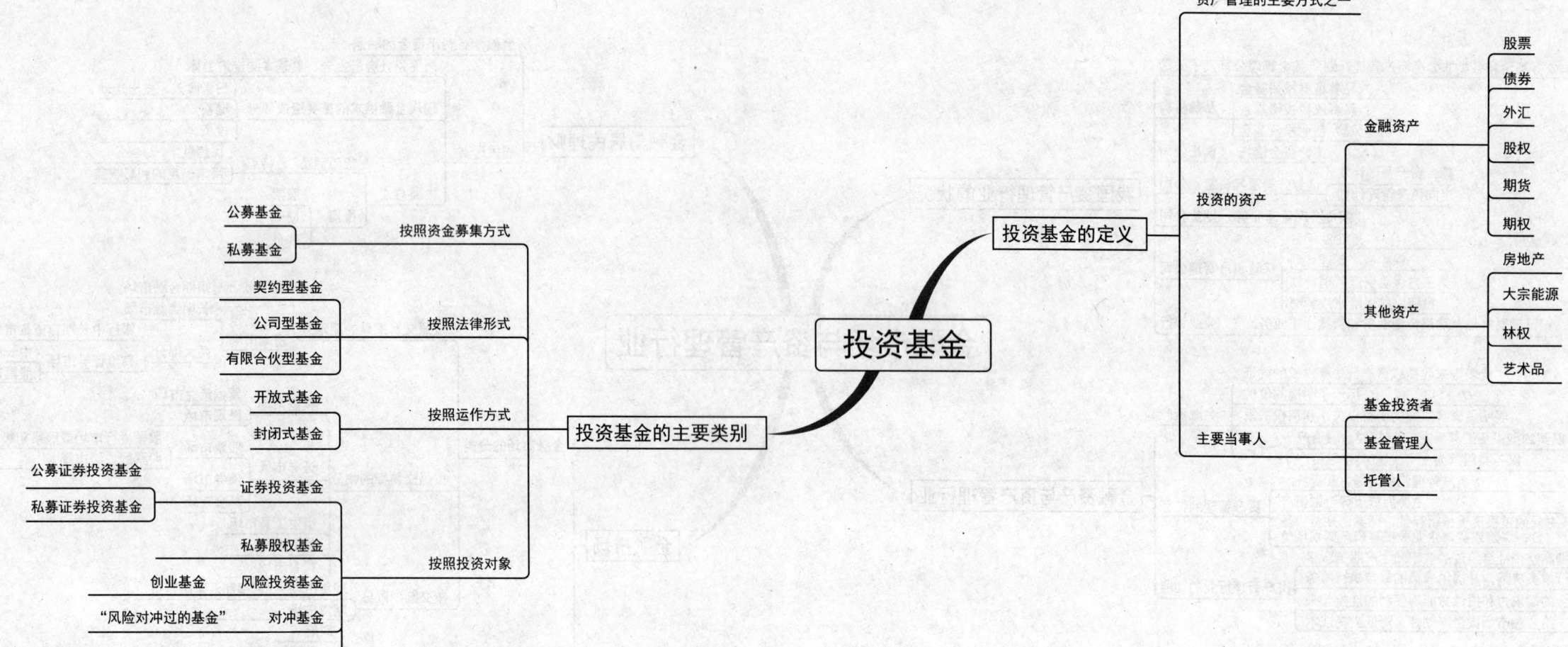

第二章 证券投资基金概述

第一节 证券投资基金的概念与特点

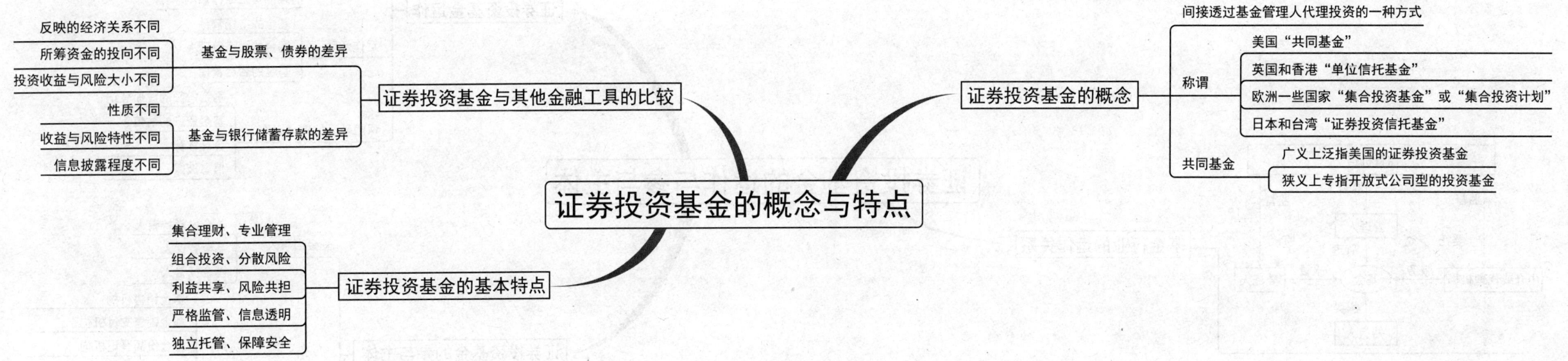

第二节 证券投资基金的运作与参与主体

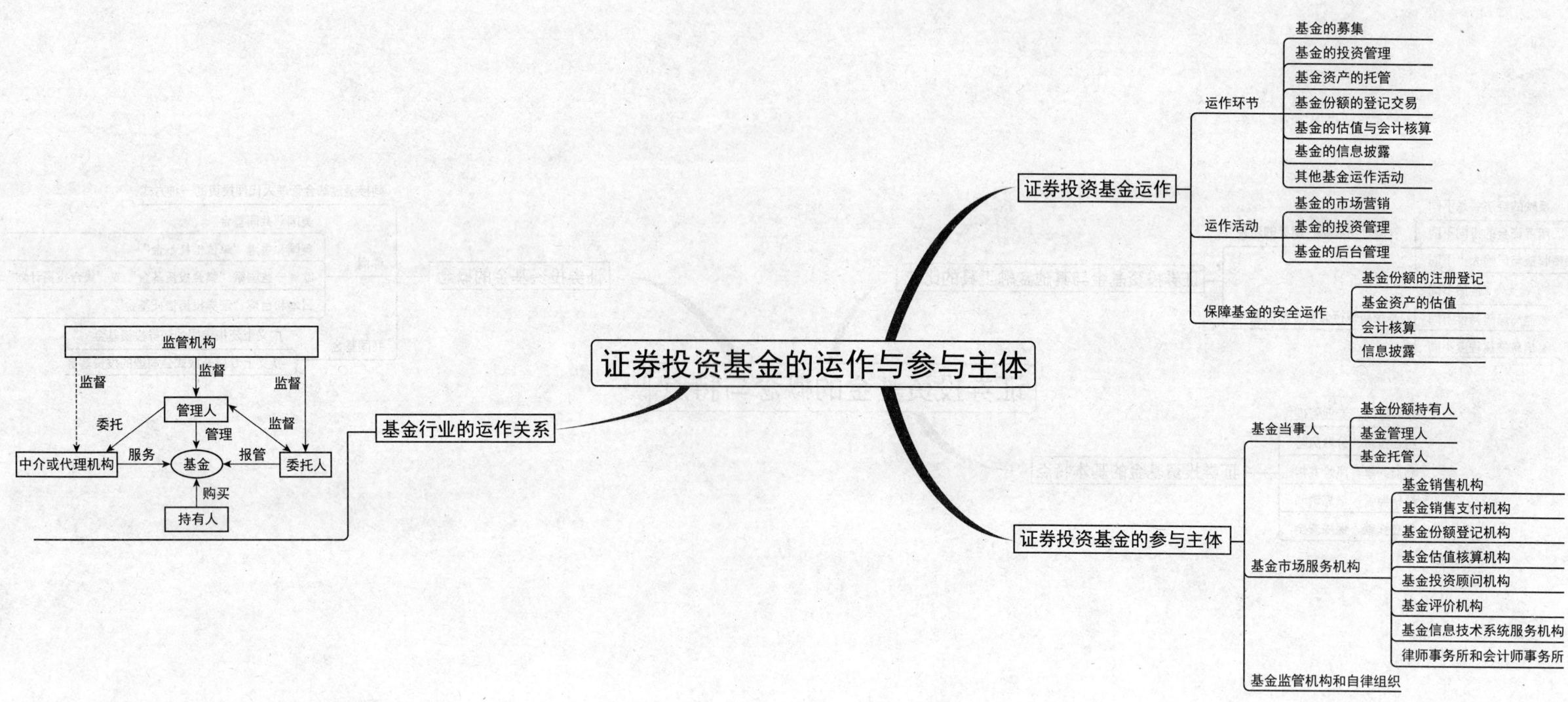

第三节 证券投资基金法律形式和运作方式

证券投资基金法律形式和运作方式

证券投资基金法律形式划分
- 美国的投资公司 —— 公司型基金
- 我国的证券投资基金 —— 契约型基金
- 契约型基金与公司型基金区别
  - 法律主体资格不同
  - 投资者的地位不同
  - 基金营运依据不同

证券投资基金运作方式划分
- 开放式基金
  - 基金份额不固定
  - 基金份额可在基金合同约定时间和场所进行申购或赎回
- 封闭式基金
  - 基金份额在基金合同期限内固定不变
  - 基金份额可以在依法设立的证券交易所交易
  - 基金份额持有人不得申请赎回
- 开放式基金和封闭式基金区别
  - 期限不同
  - 份额限制不同
  - 交易场所不同
  - 价格形成方式不同
  - 激励约束机制与投资策略不同

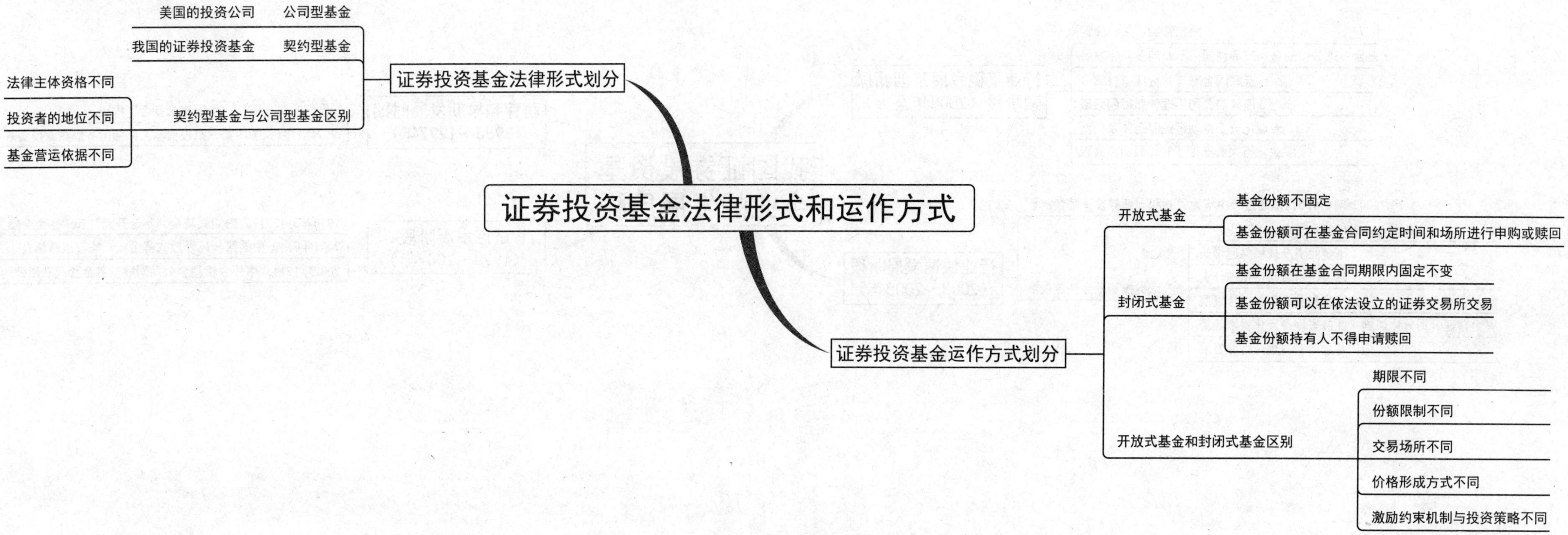

第四节 证券投资基金的起源与发展

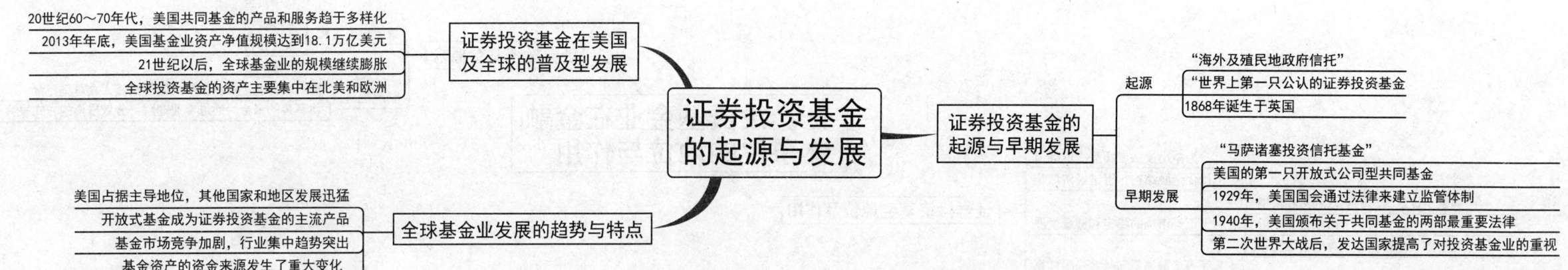

第五节　我国证券投资基金业的发展历程

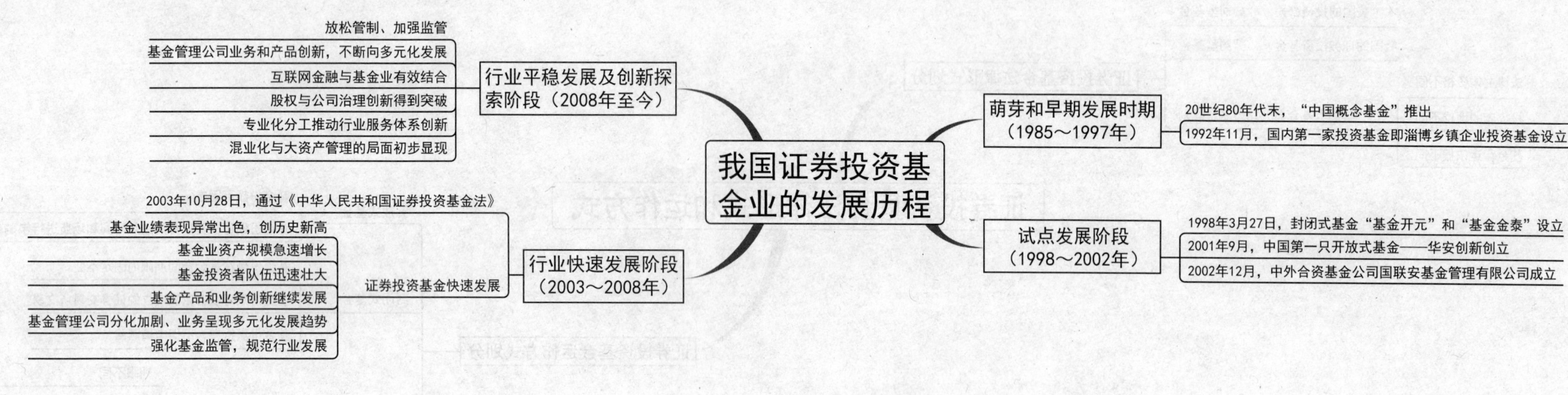

第六节　证券投资基金业在金融体系中的地位与作用

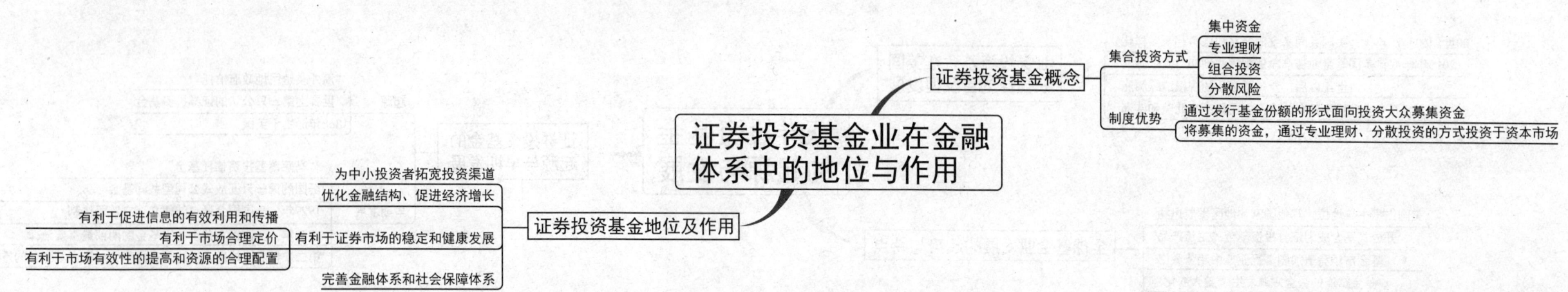

第三章 证券投资基金的类型

第一节 证券投资基金分类概述

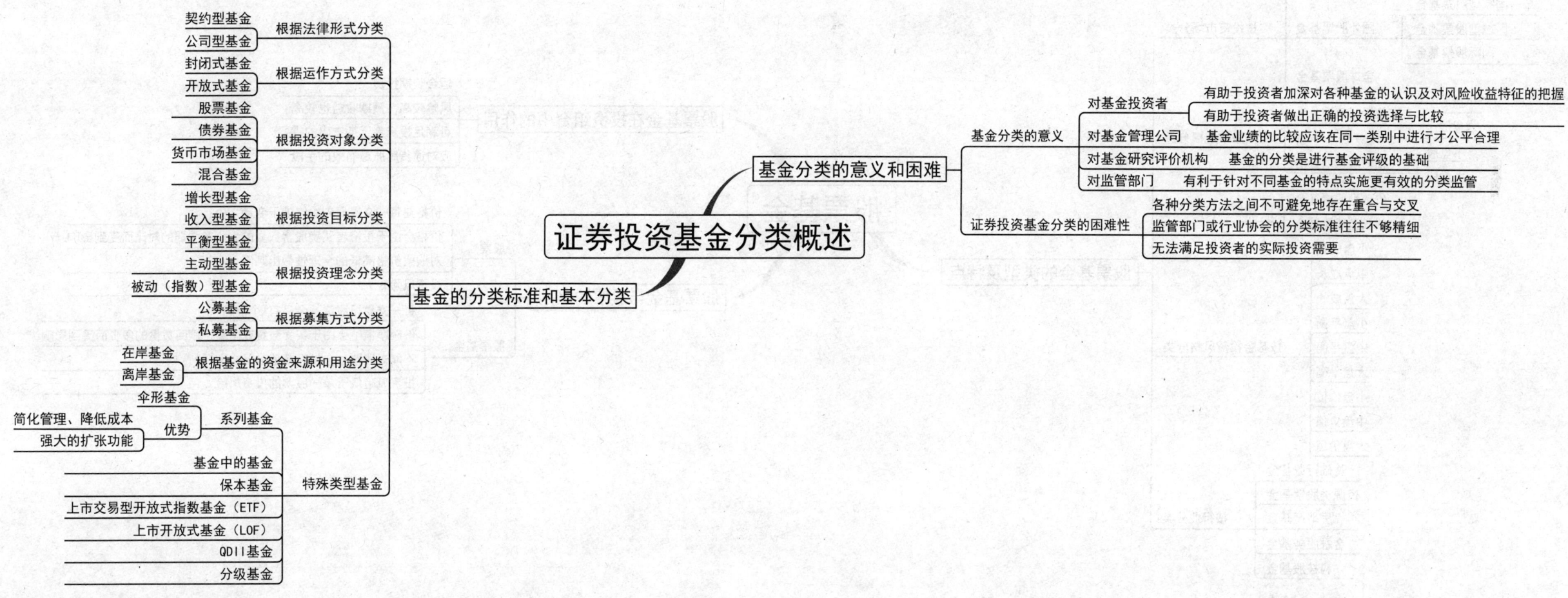

第二节 股票基金

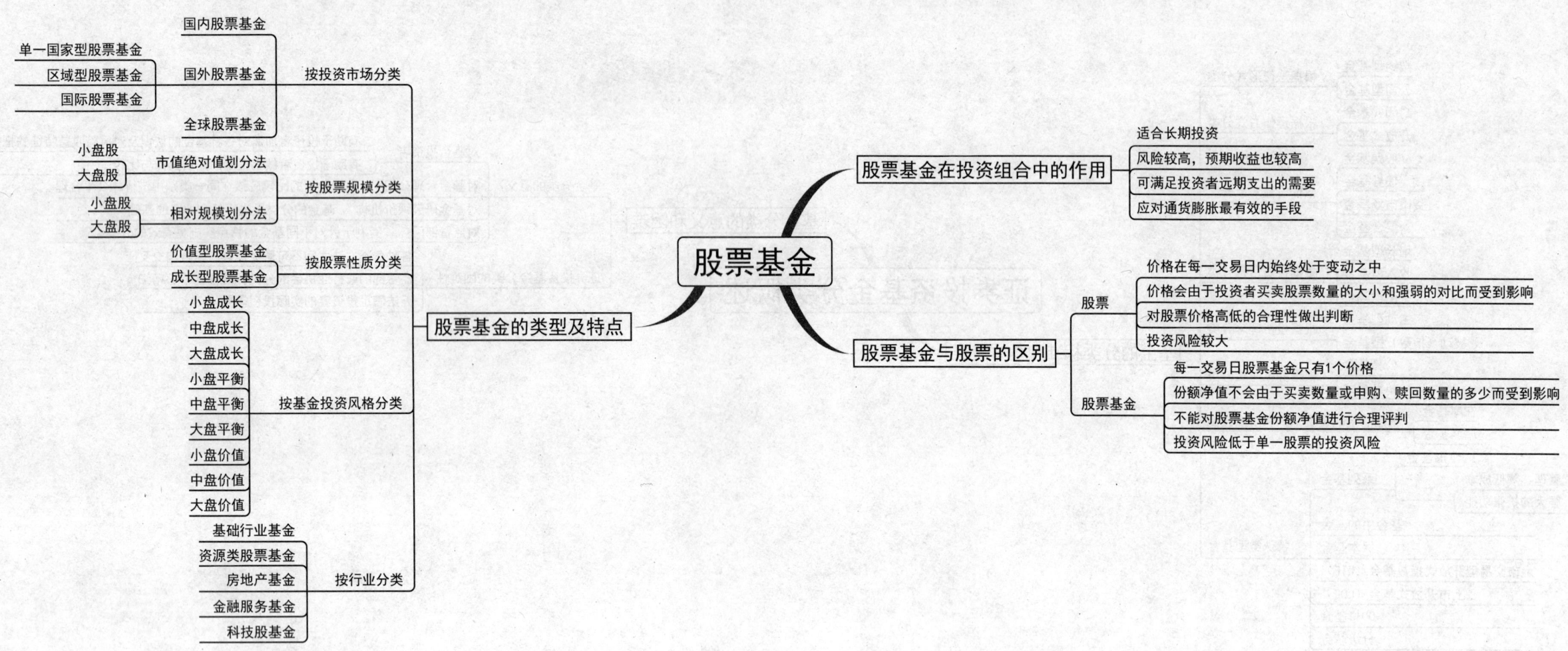

第三节 债券基金

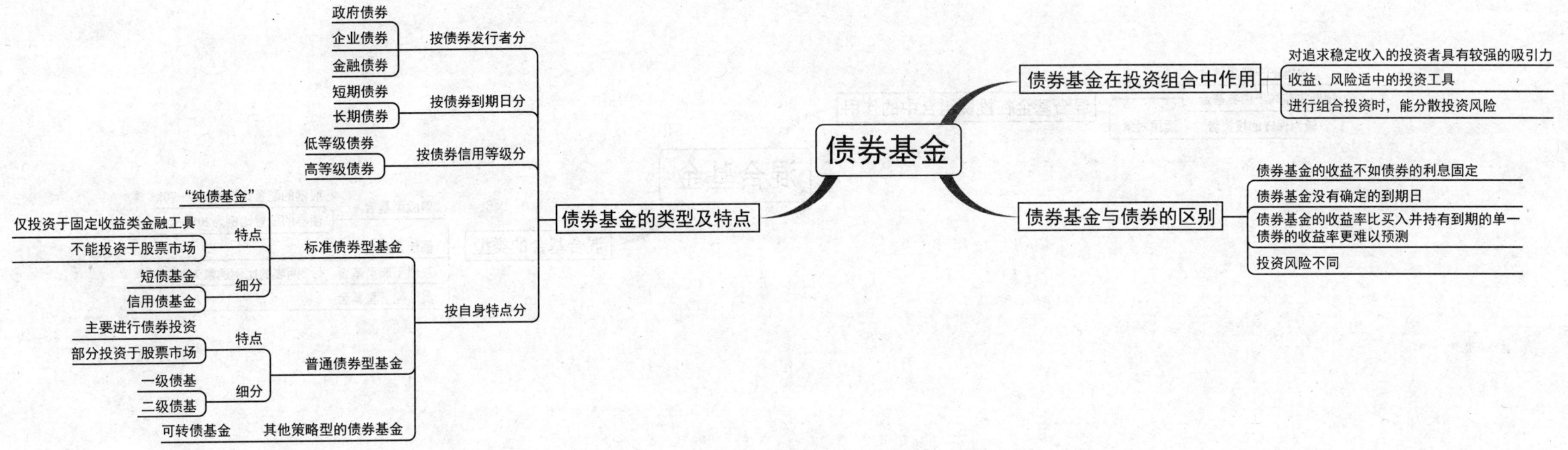

第四节 货币市场基金

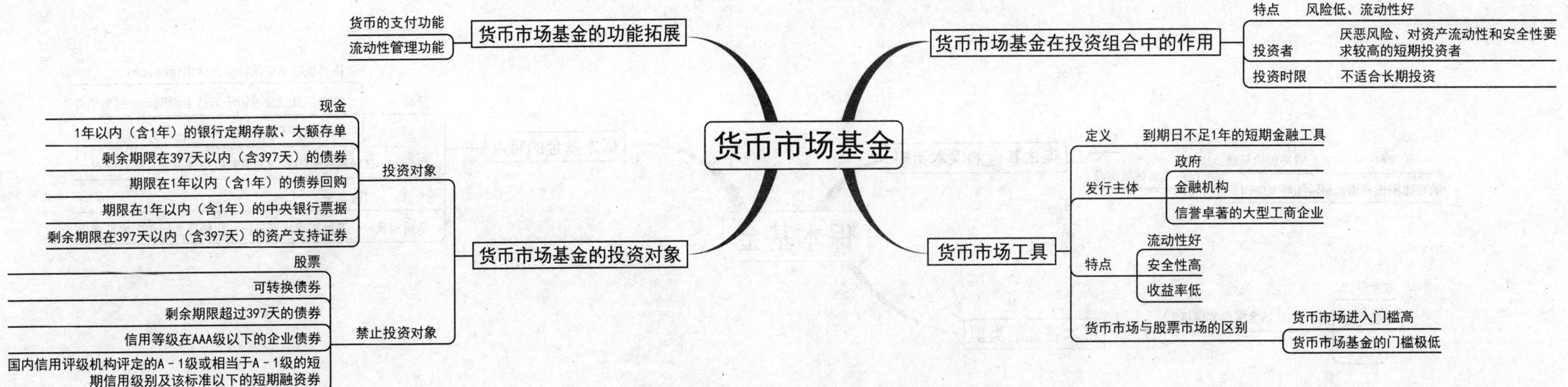

第五节 混合基金

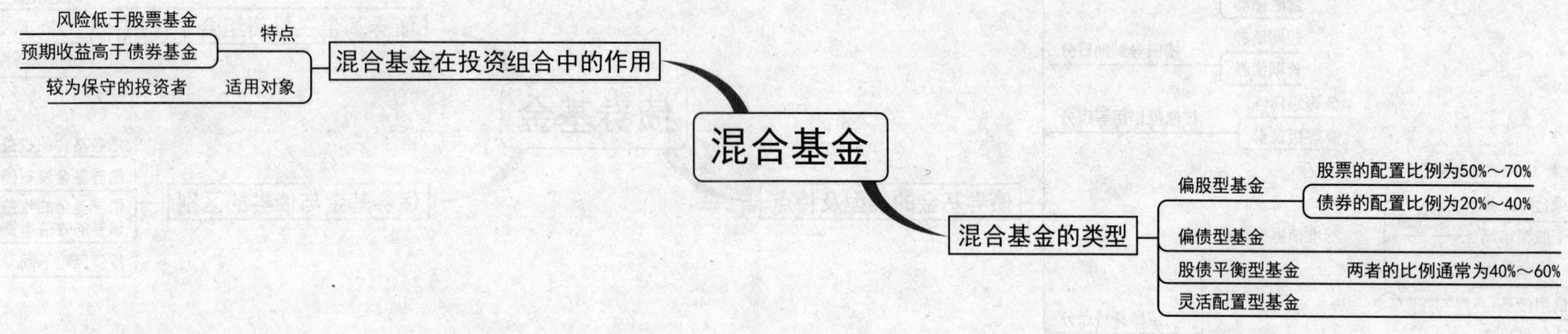

第六节 保本基金

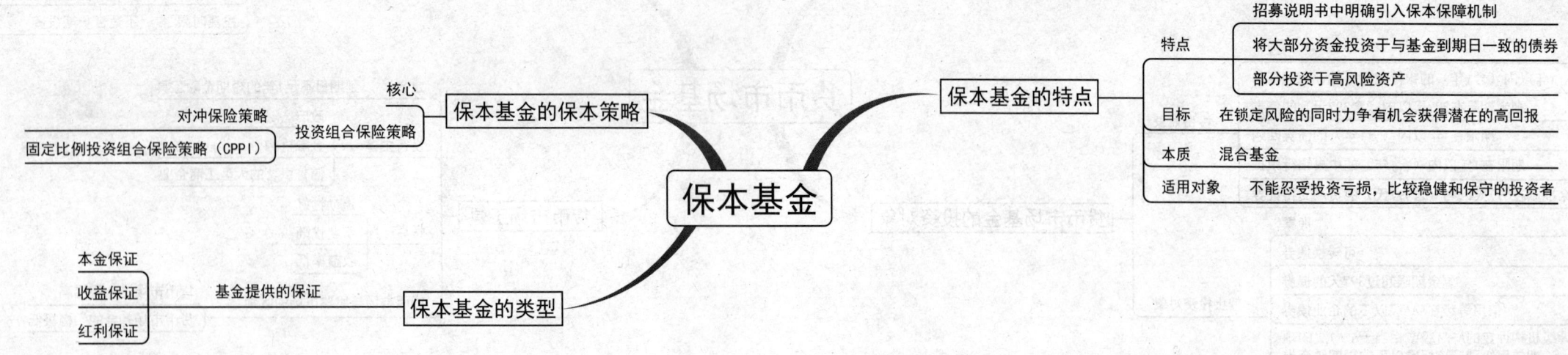

第七节 交易型开放式指数基金（ETF）

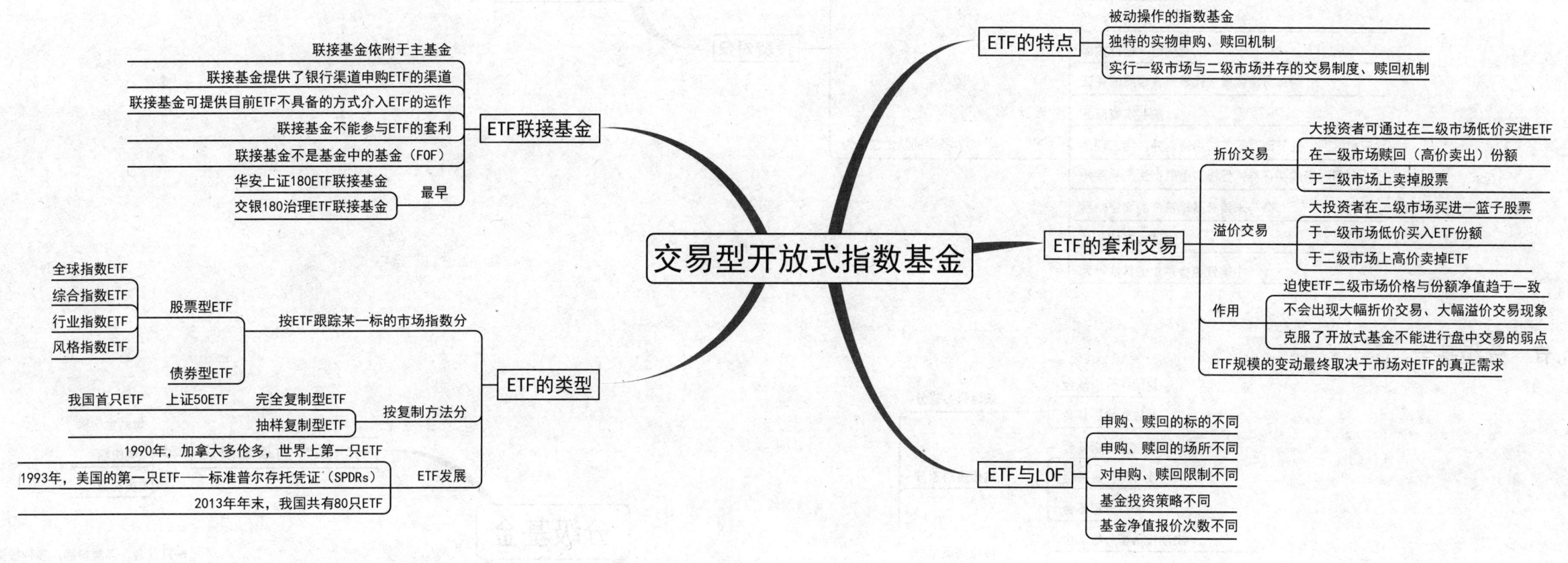

第八节 QDII基金

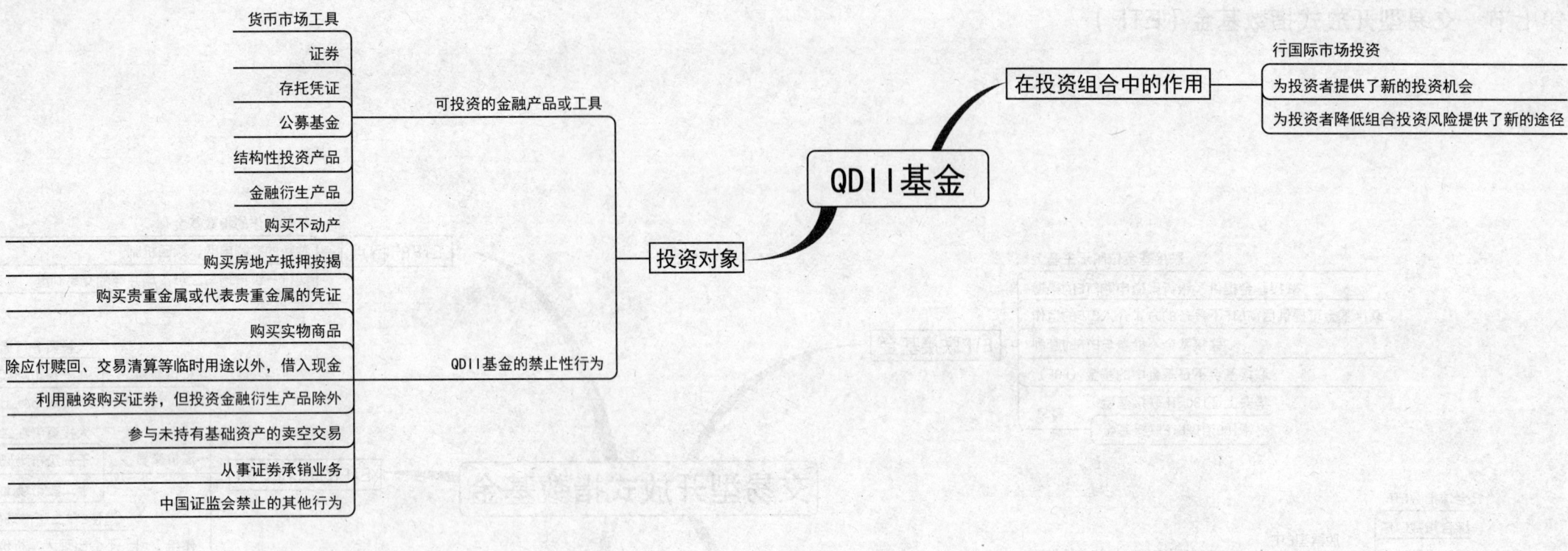

第九节 分级基金

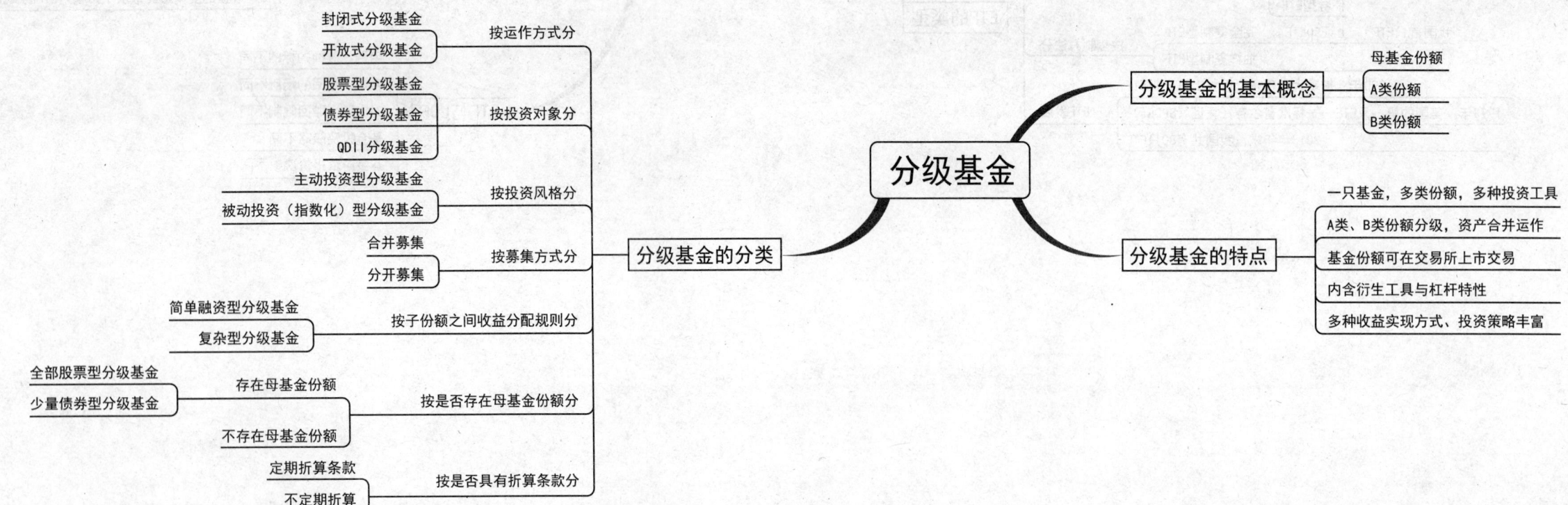

第四章 证券投资基金的监管

第一节 基金监管概述

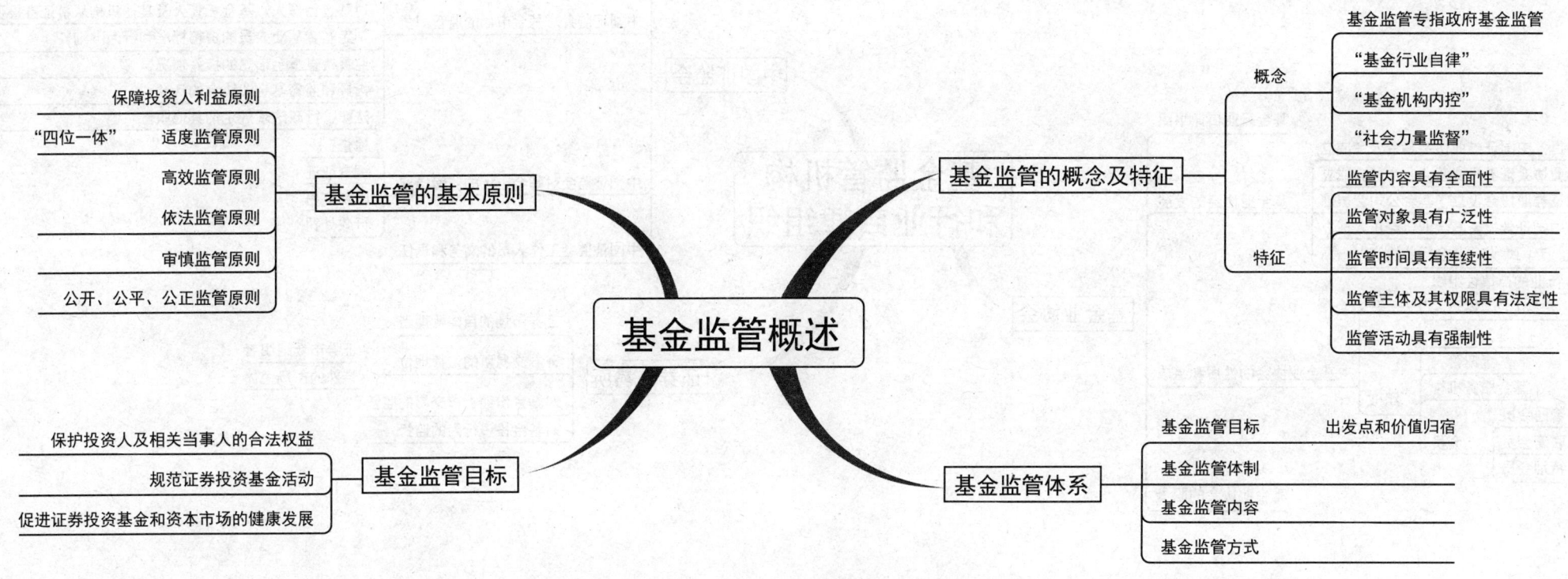

第二节 基金监管机构和行业自律组织

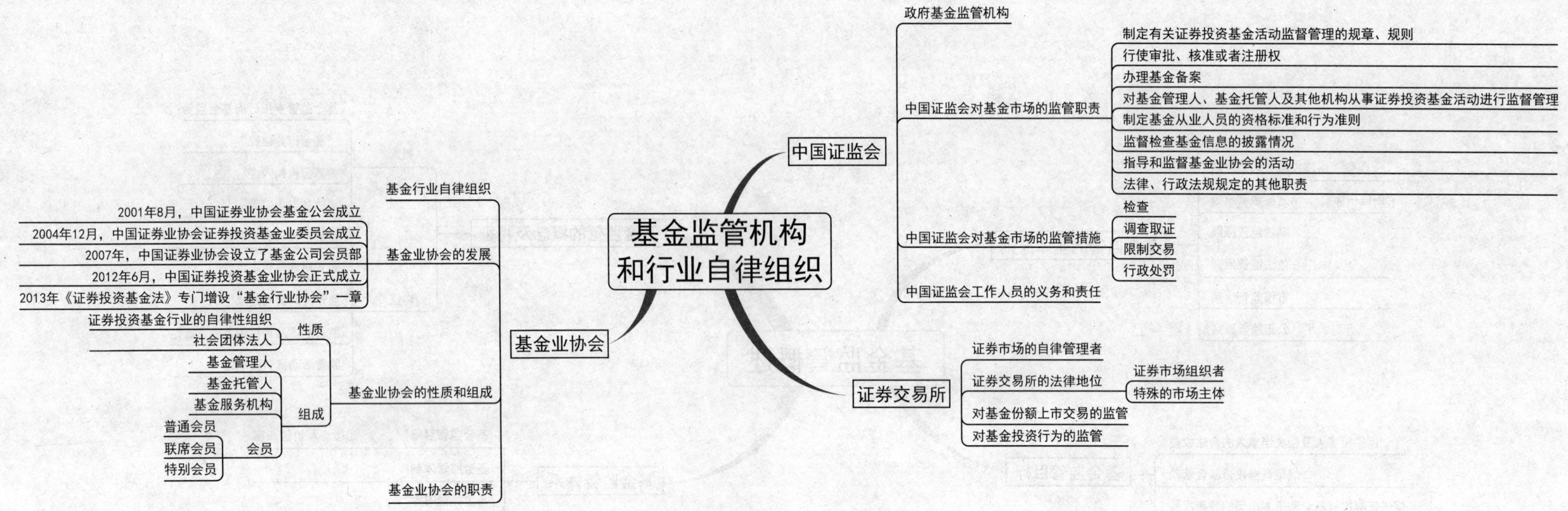

第三节 对基金机构的监管

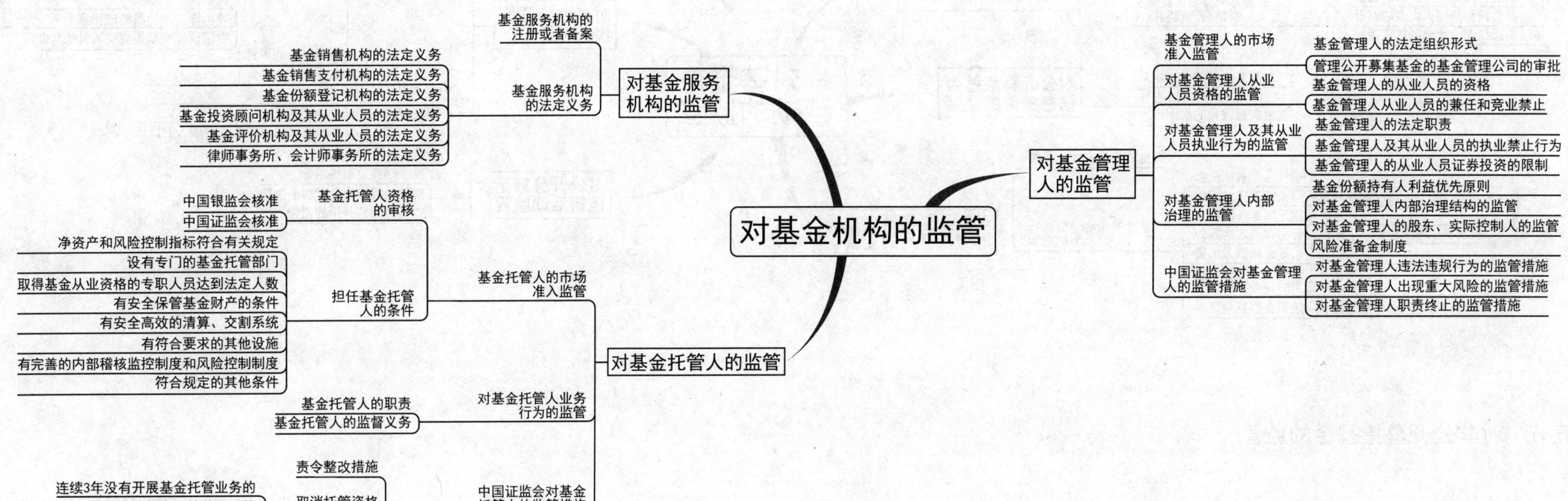

第四节　对基金活动的监管

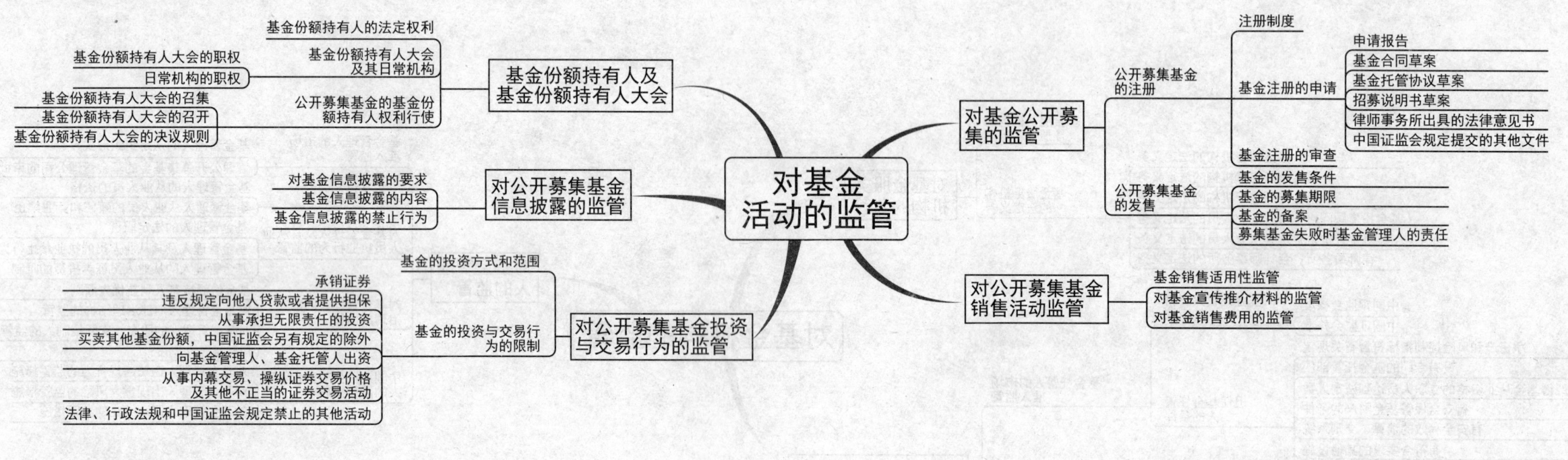

第五节　对非公开募集基金的监管

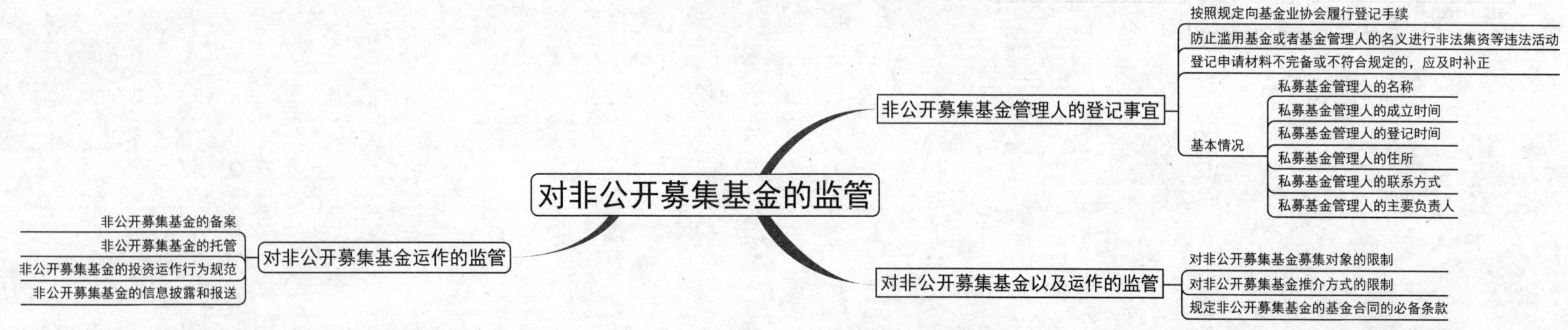

第五章 基金职业道德

第一节 道德与职业规范

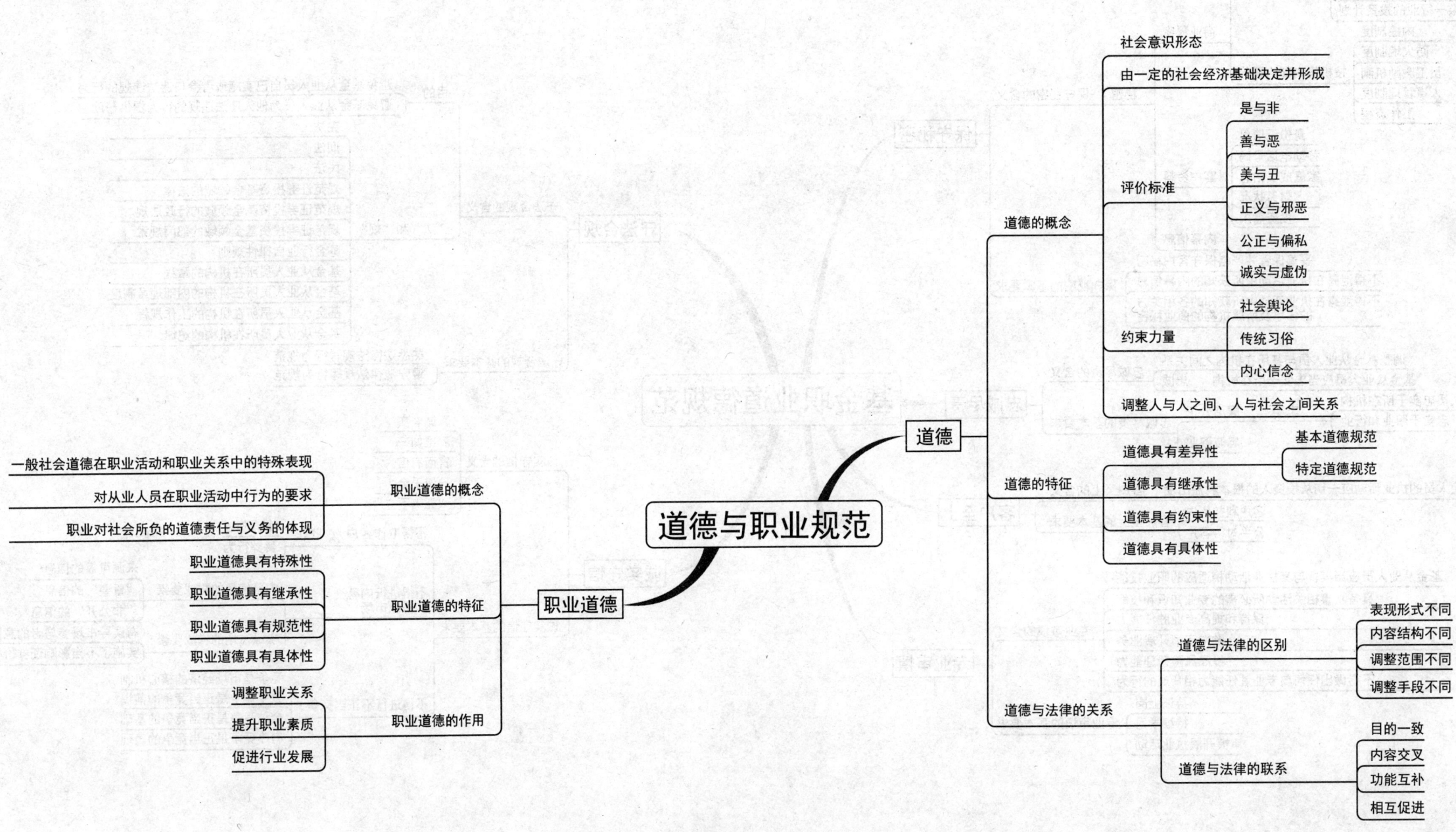

第二节 基金职业道德规范

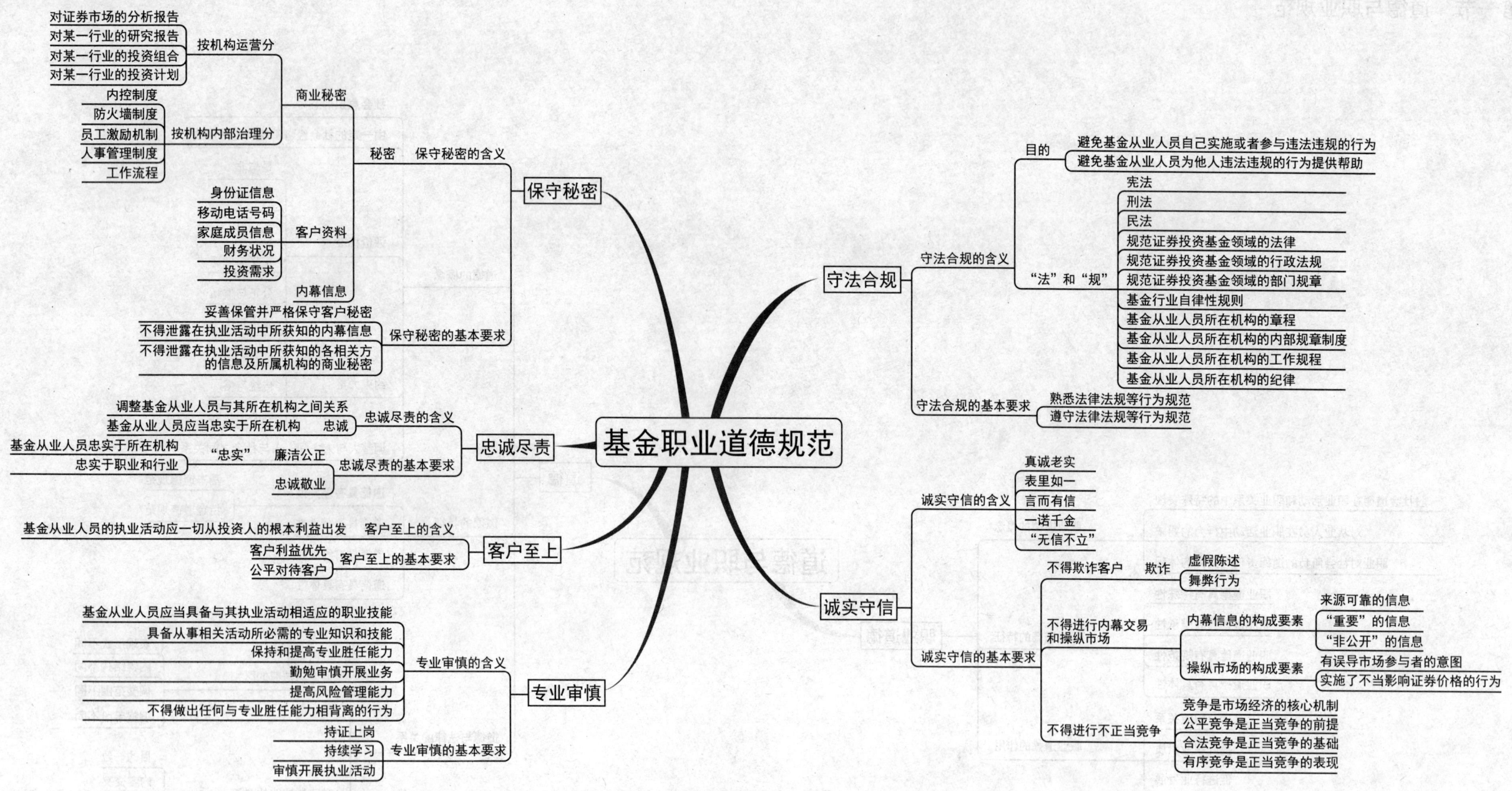

第三节　基金职业道德教育与修养

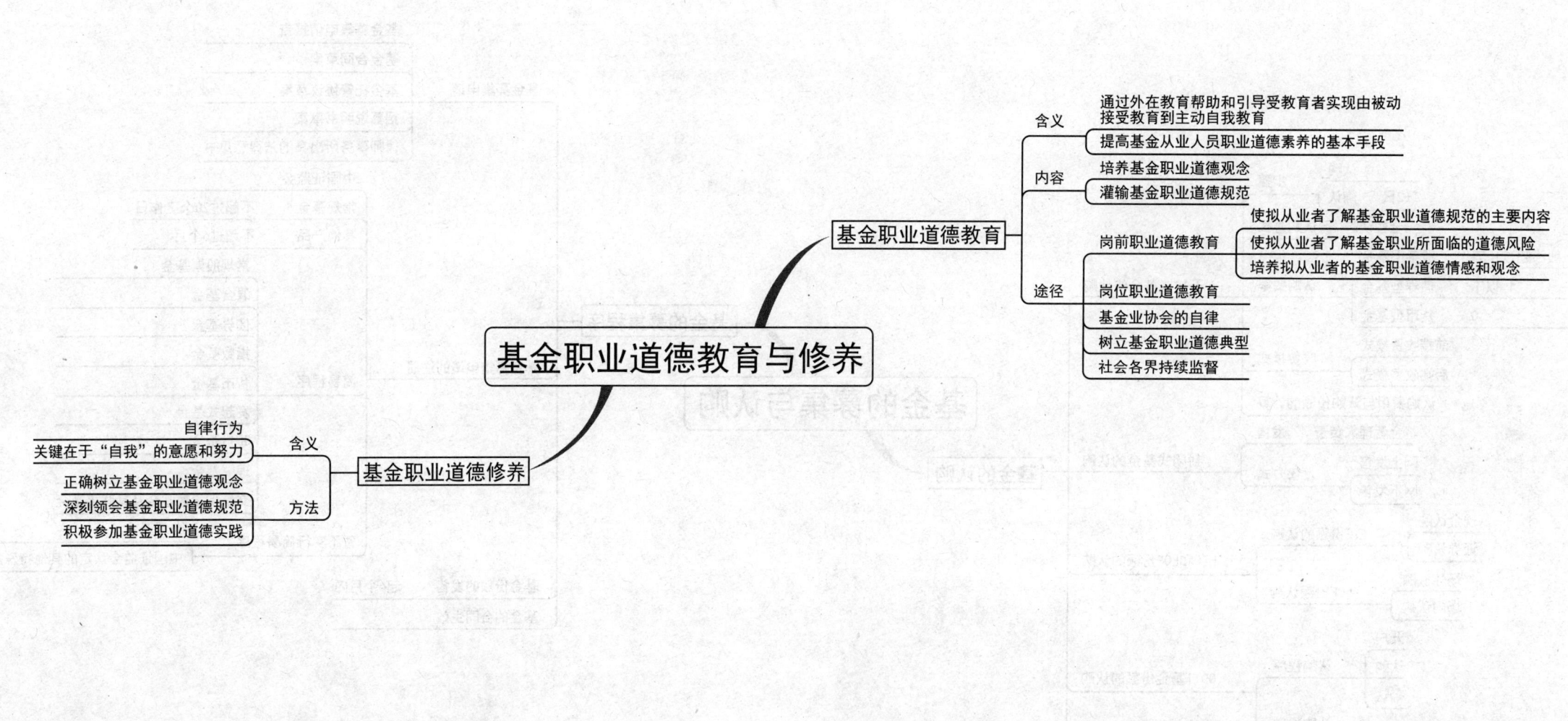

第六章 基金的募集、交易与登记

第一节 基金的募集与认购

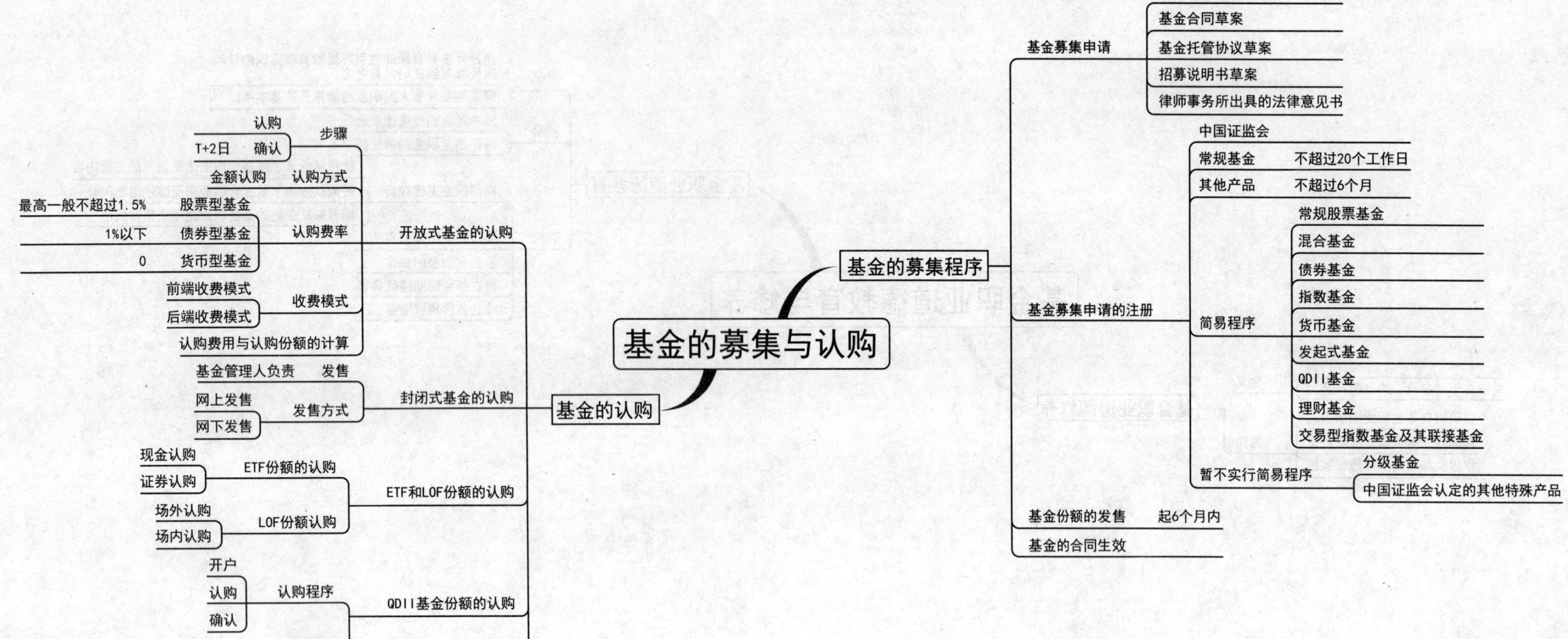

第二节 基金的交易、申购和赎回

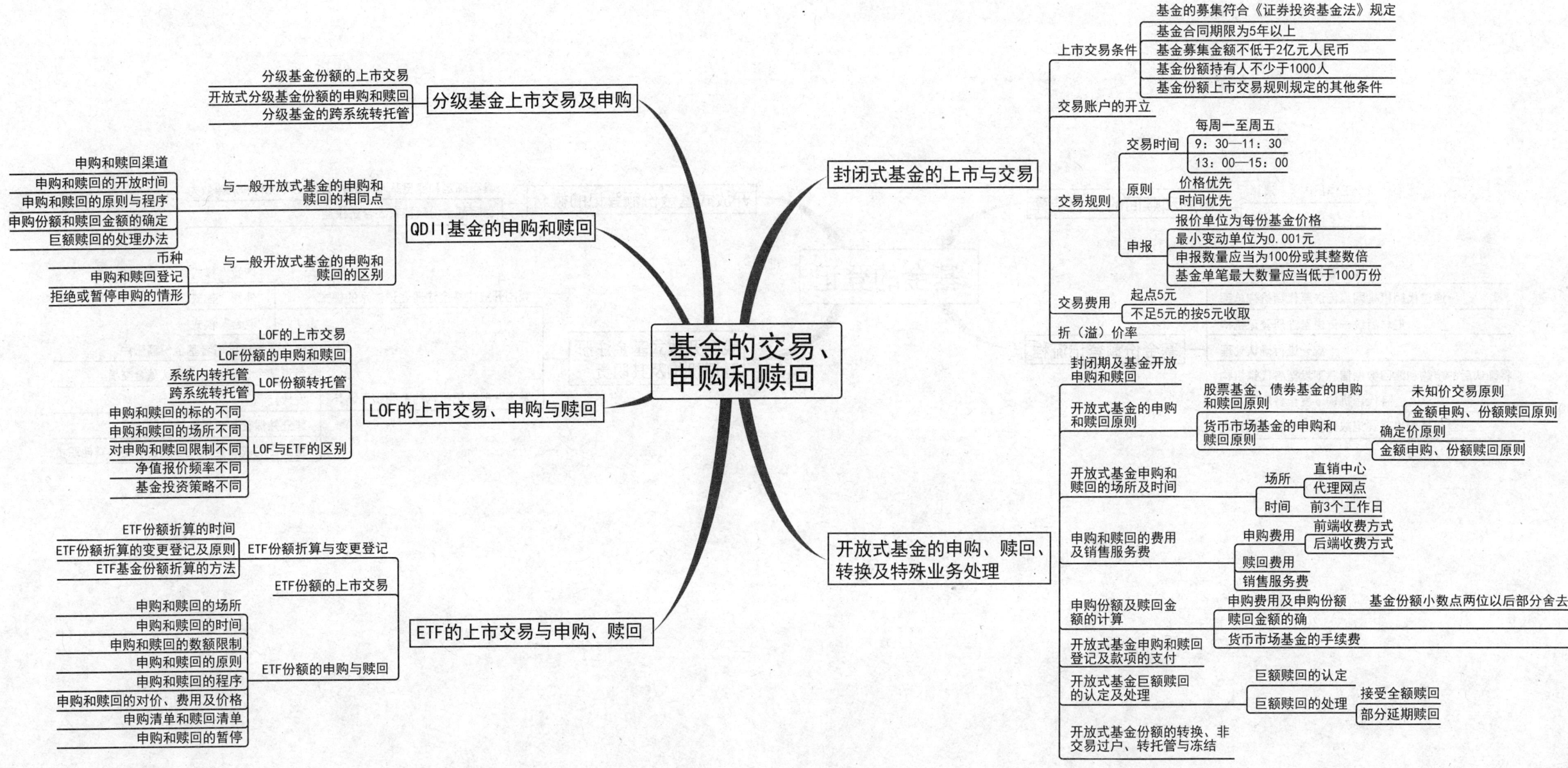

第三节 基金的登记

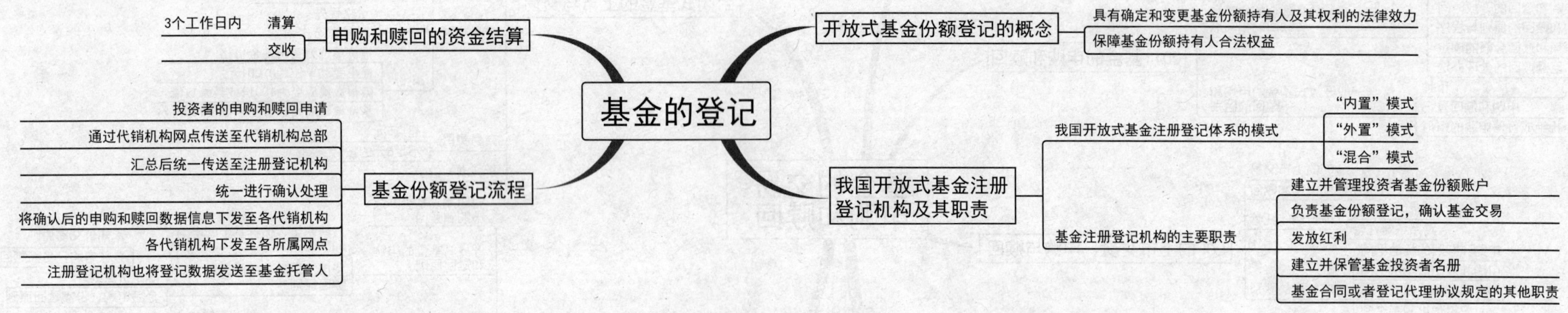

第七章 基金的信息披露

第一节 基金信息披露概述

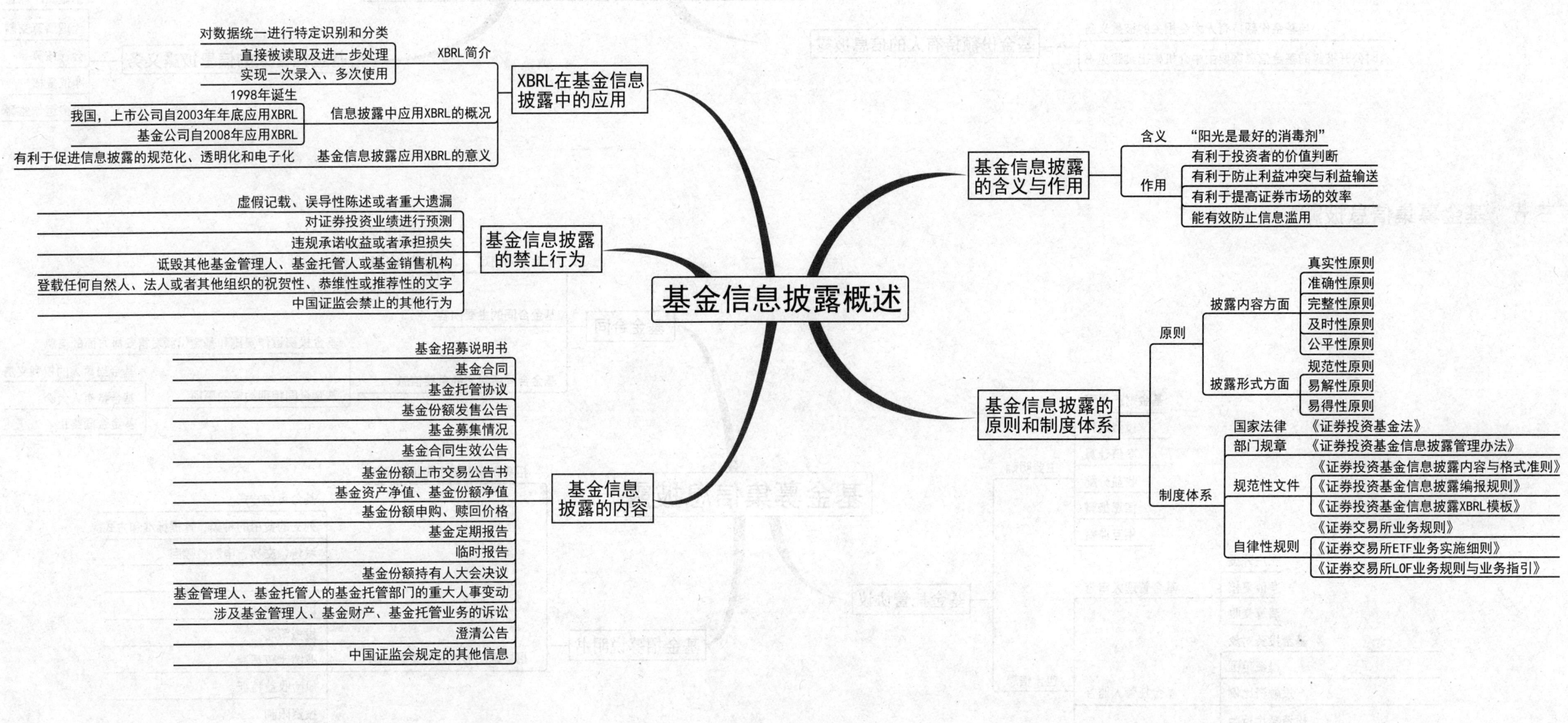

第二节　基金主要当事人的信息披露义务

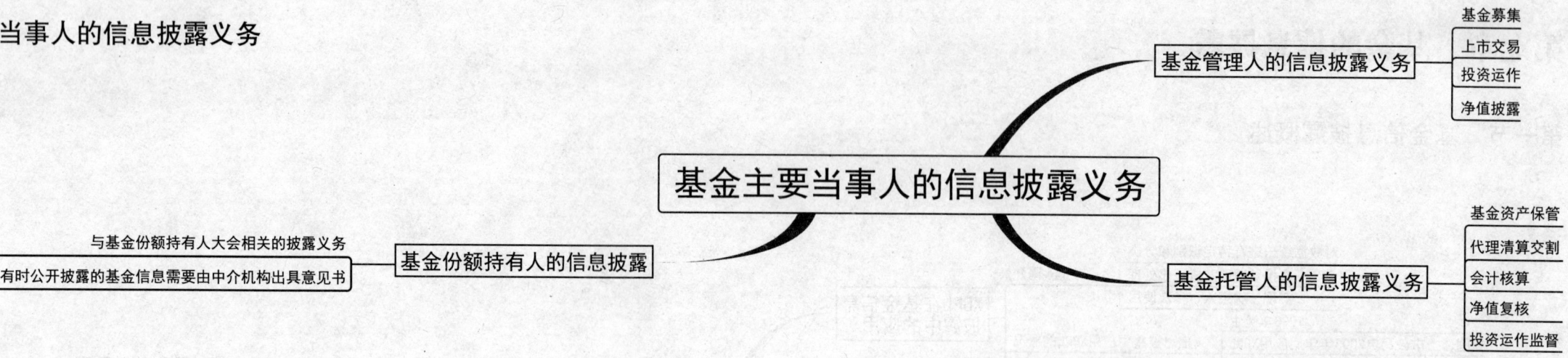

第三节　基金募集信息披露

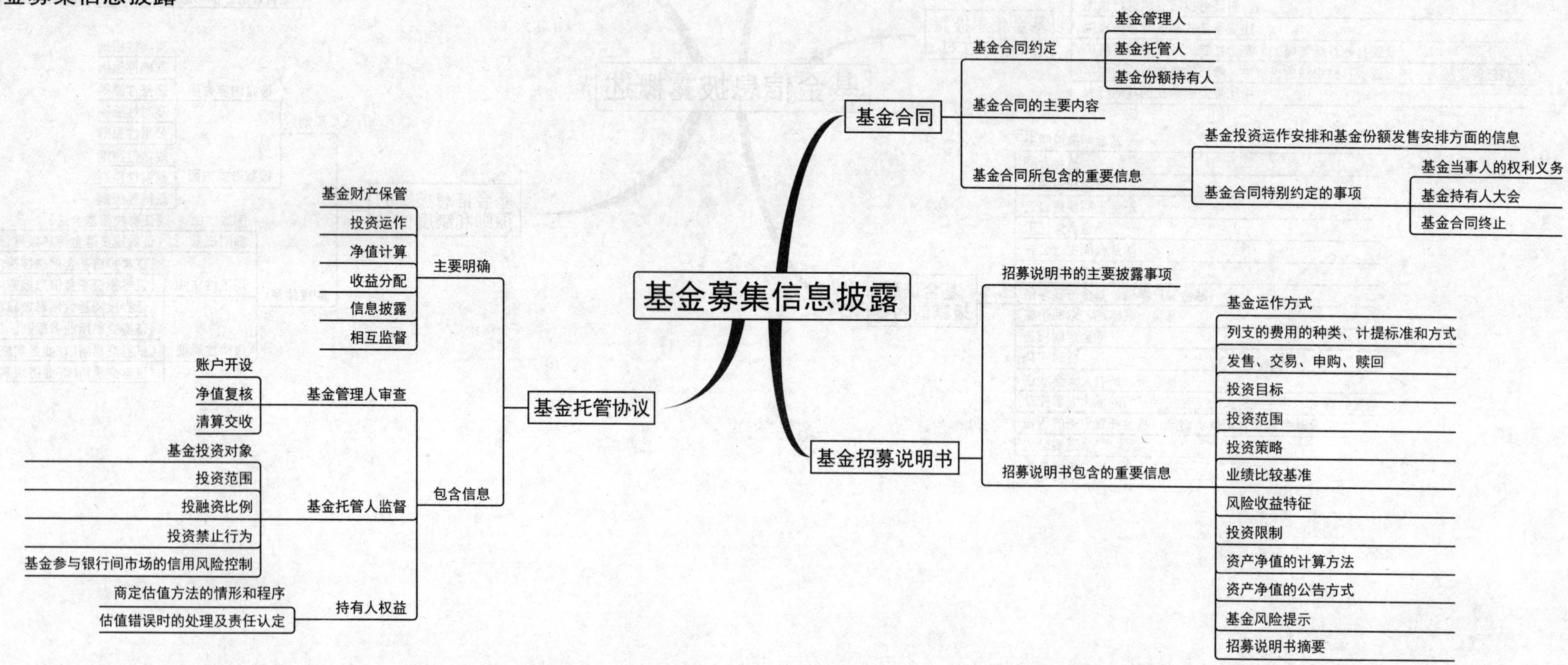

第四节 基金运作信息披露

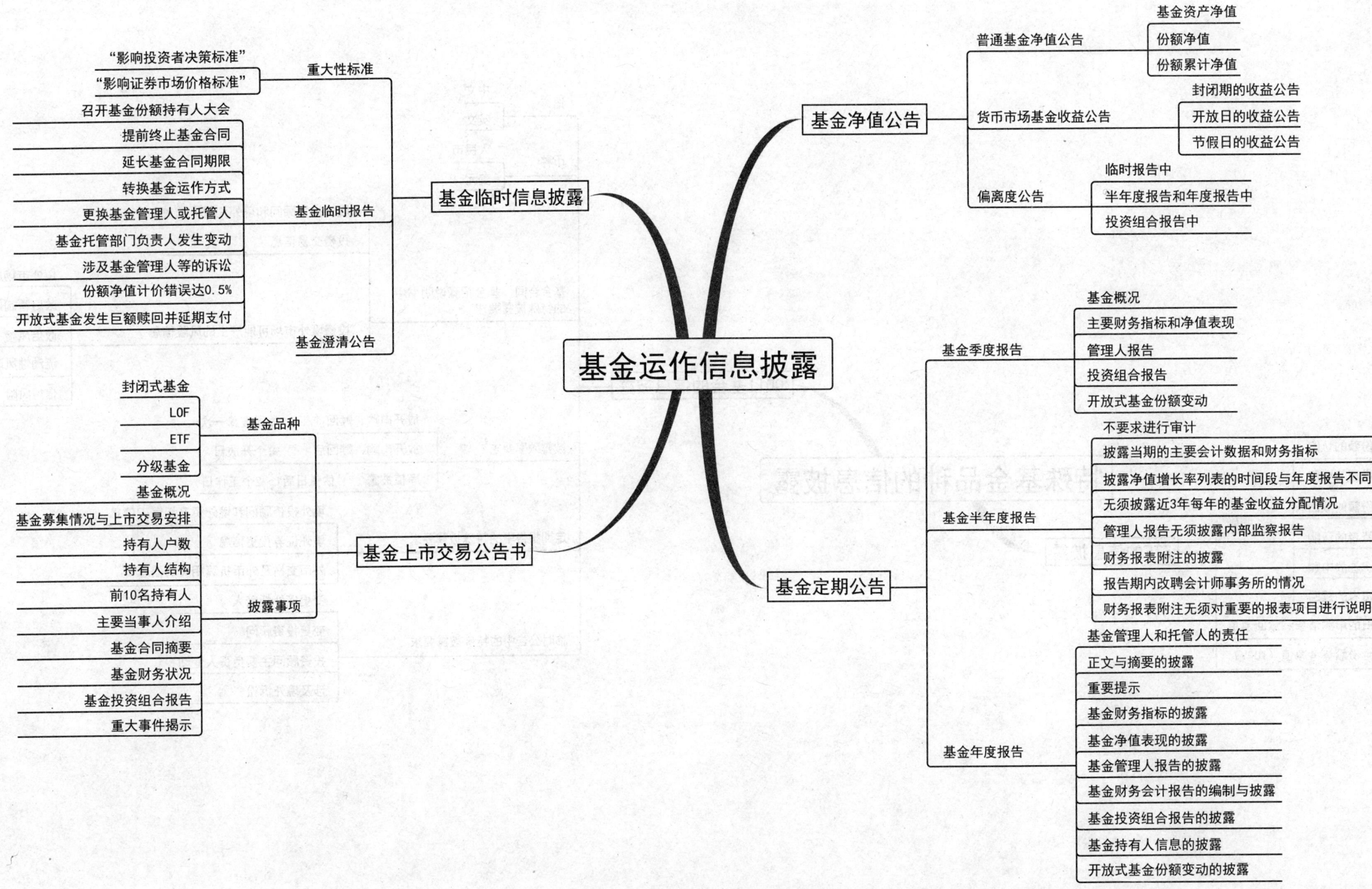

第五节 特殊基金品种的信息披露

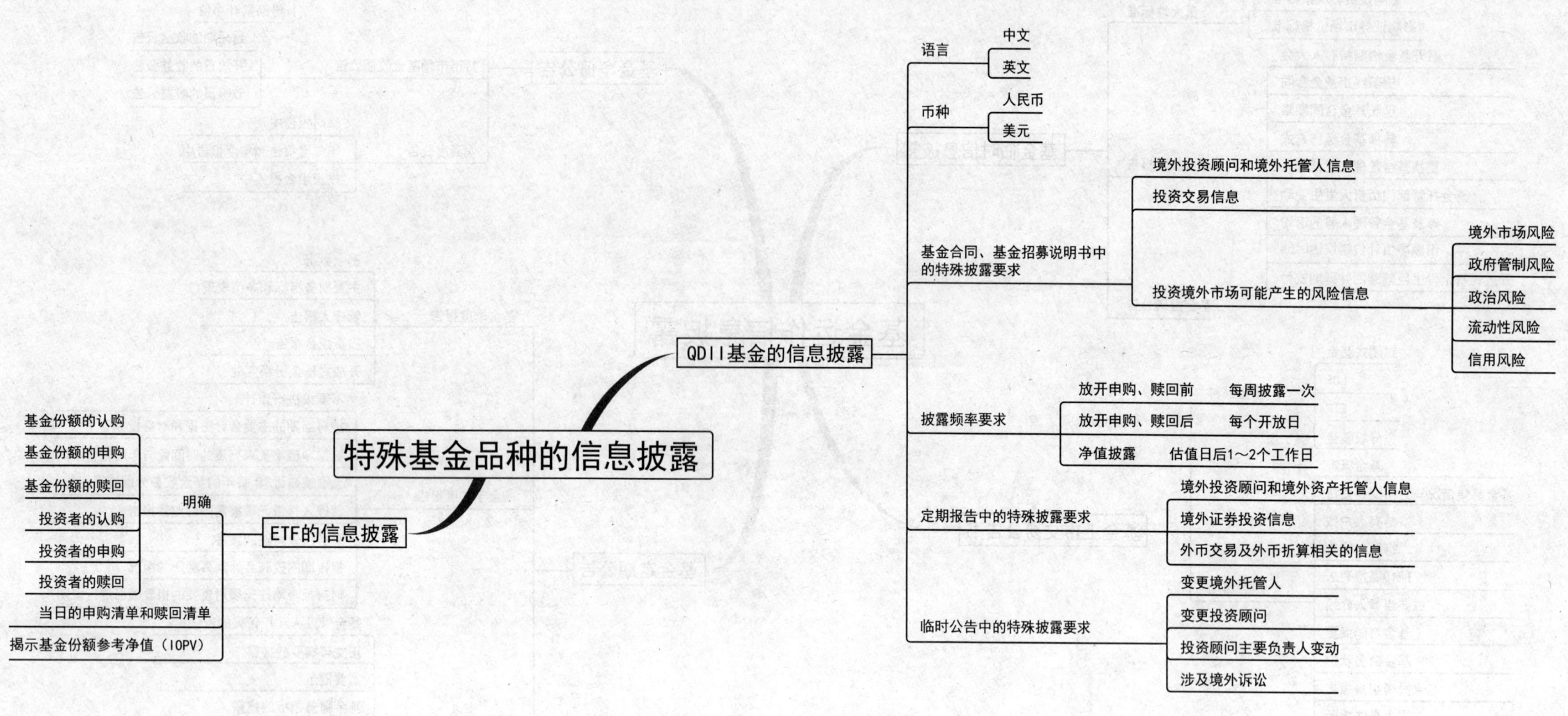

第八章 基金客户和销售机构

第一节 基金客户的分类

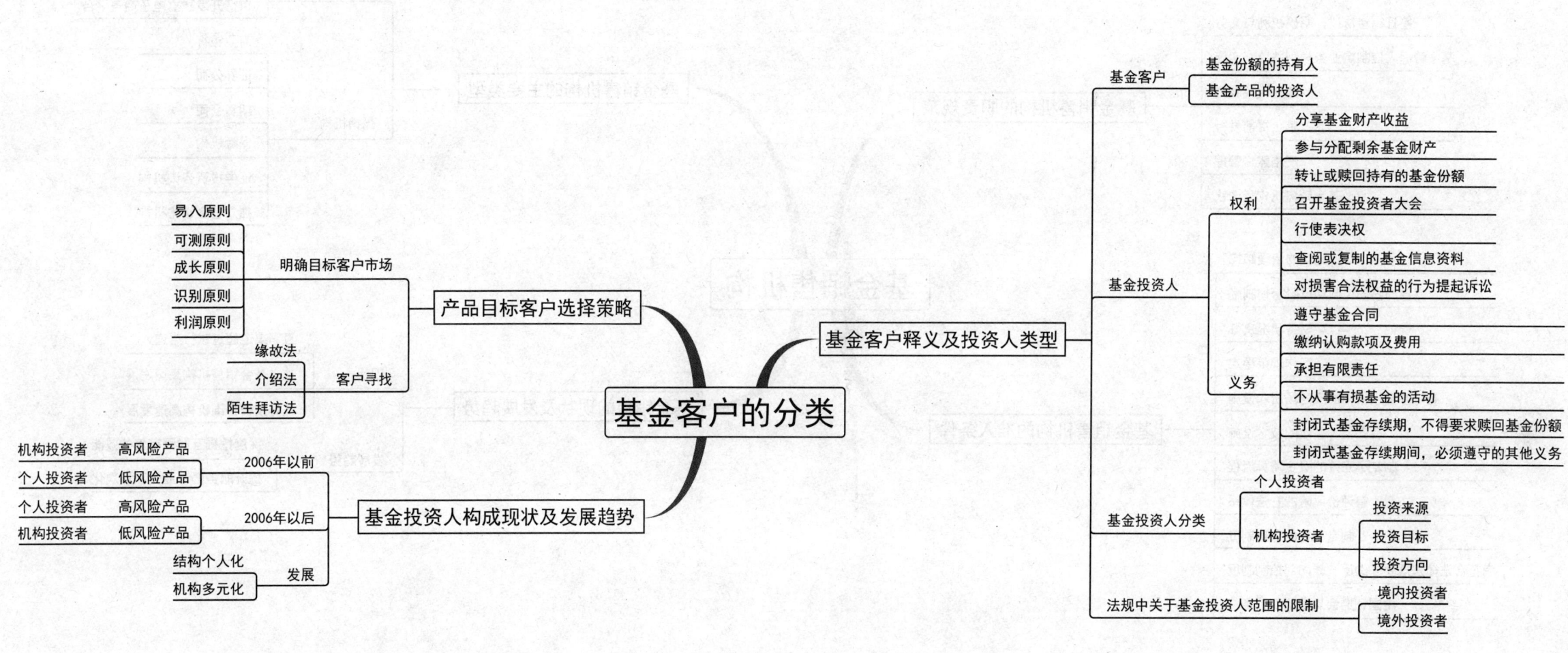

第二节 基金销售机构

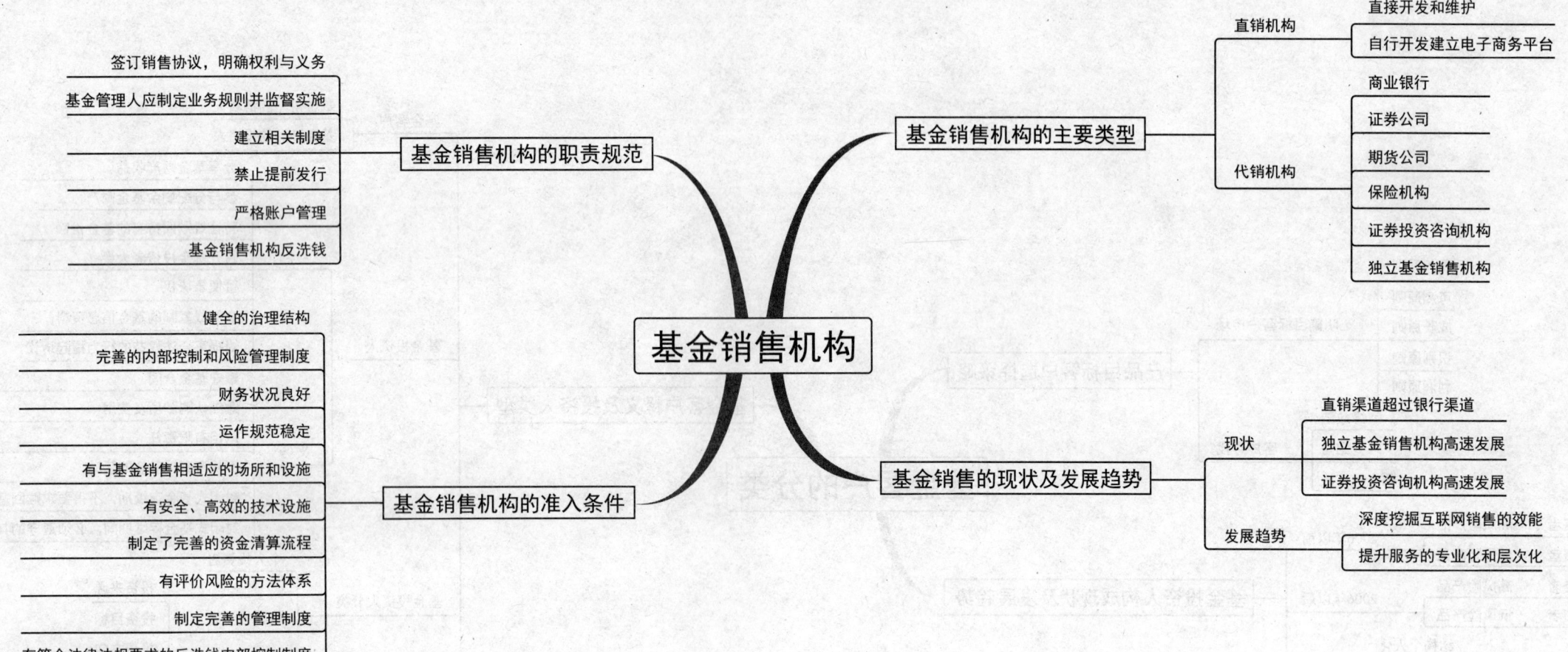

第三节 基金销售机构的销售理论、方式与策略

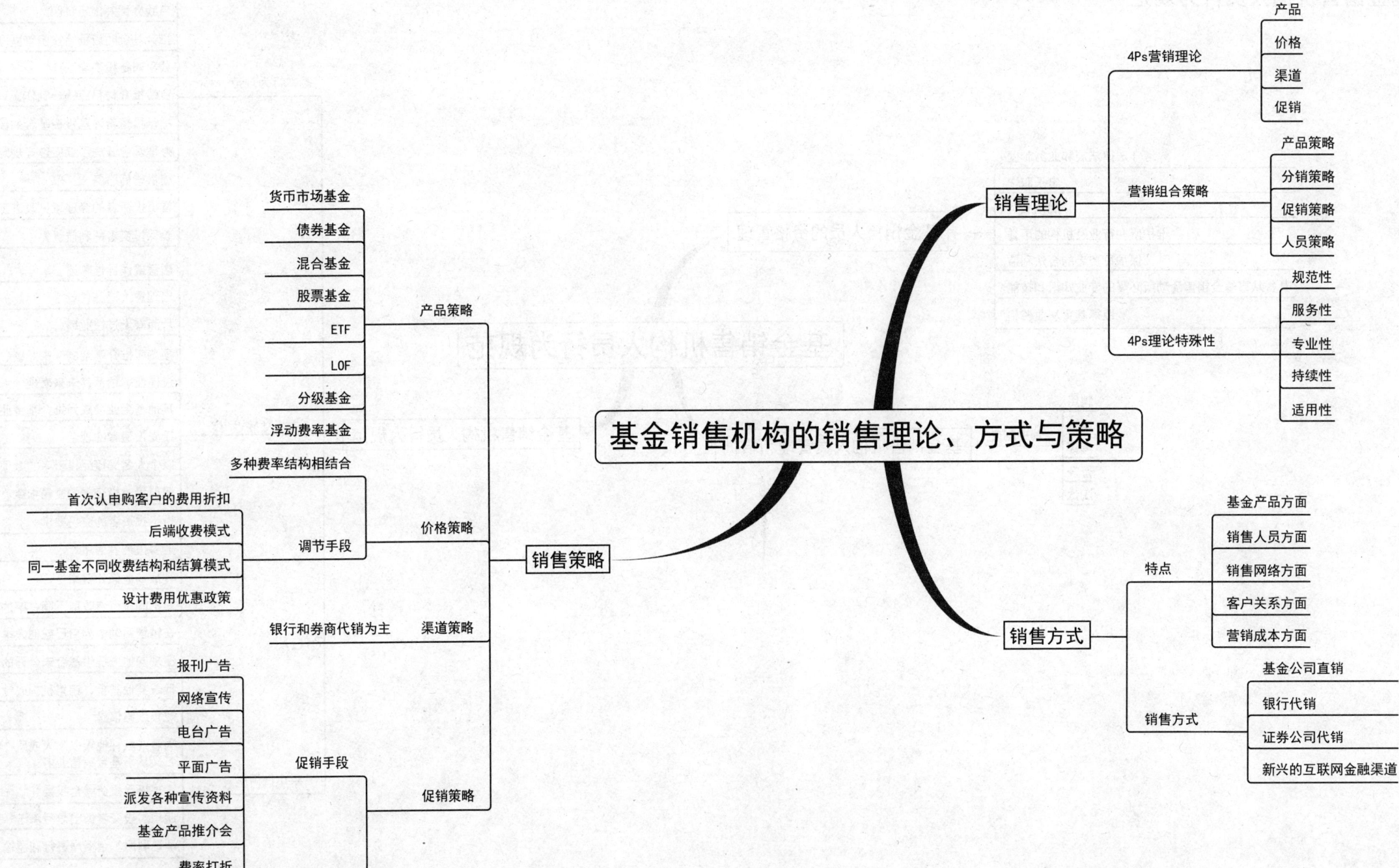

第九章 基金销售行为规范及信息管理

第一节 基金销售机构人员行为规范

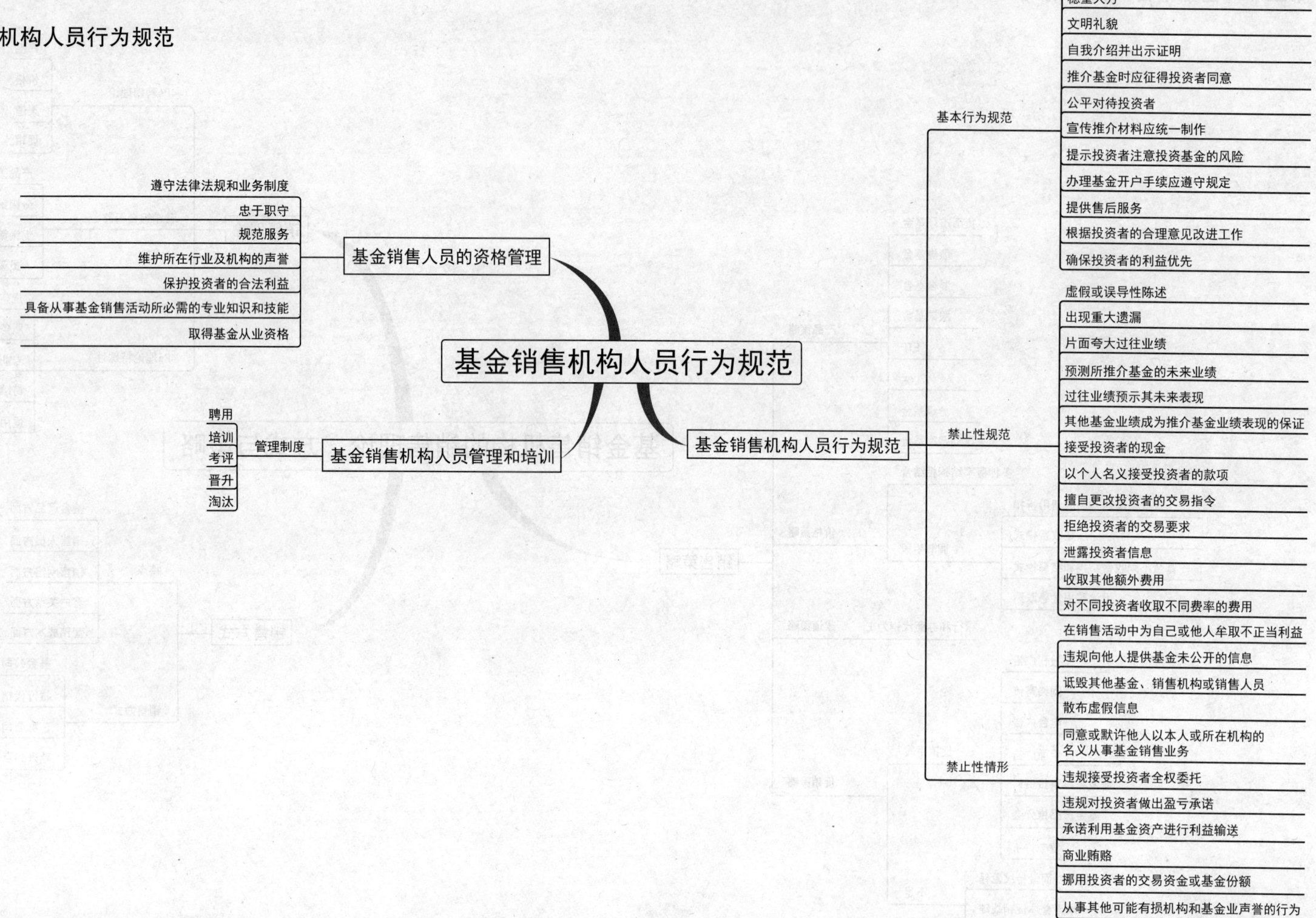

第二节 基金宣传推介材料规范

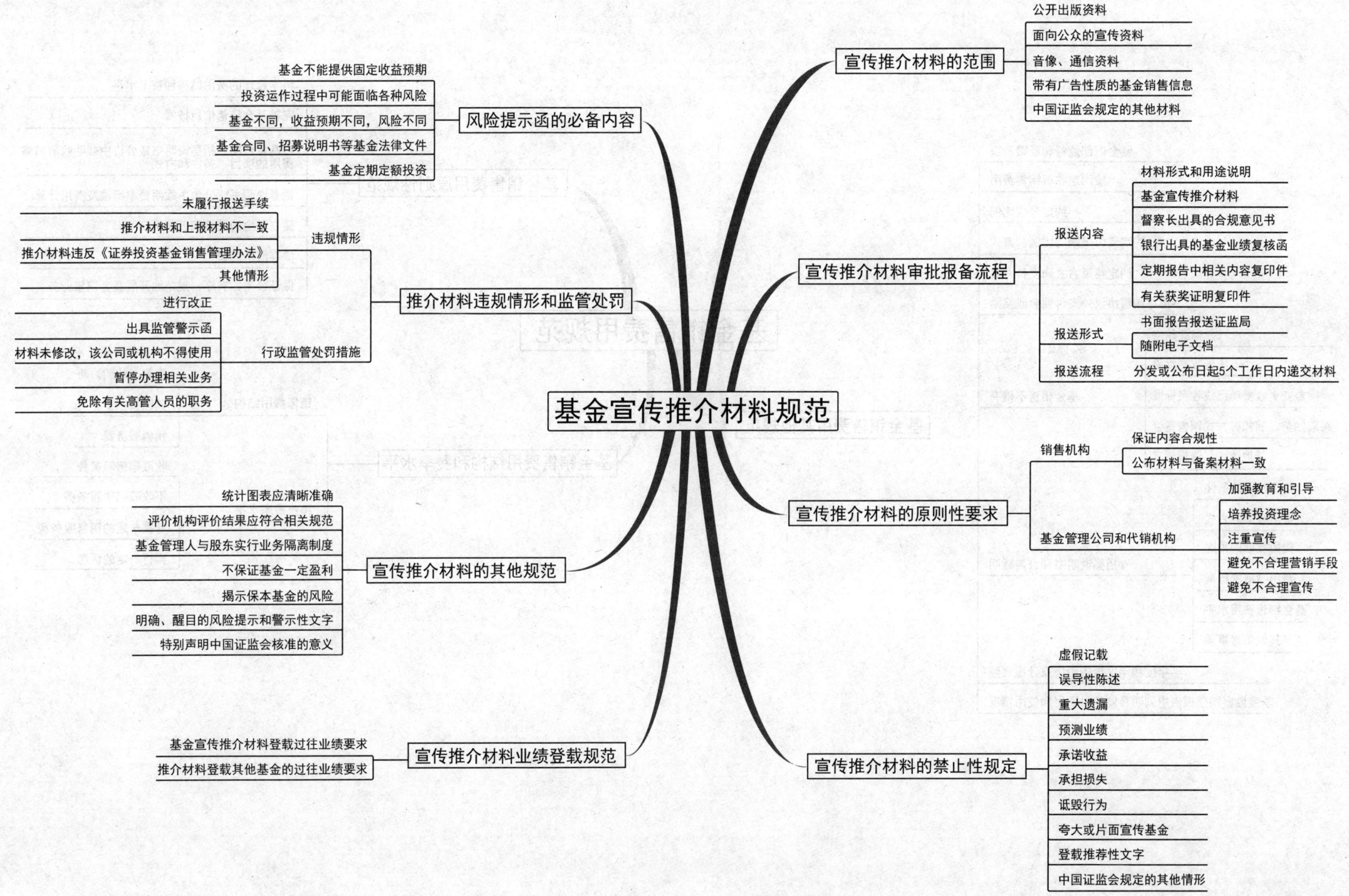

第三节 基金销售费用规范

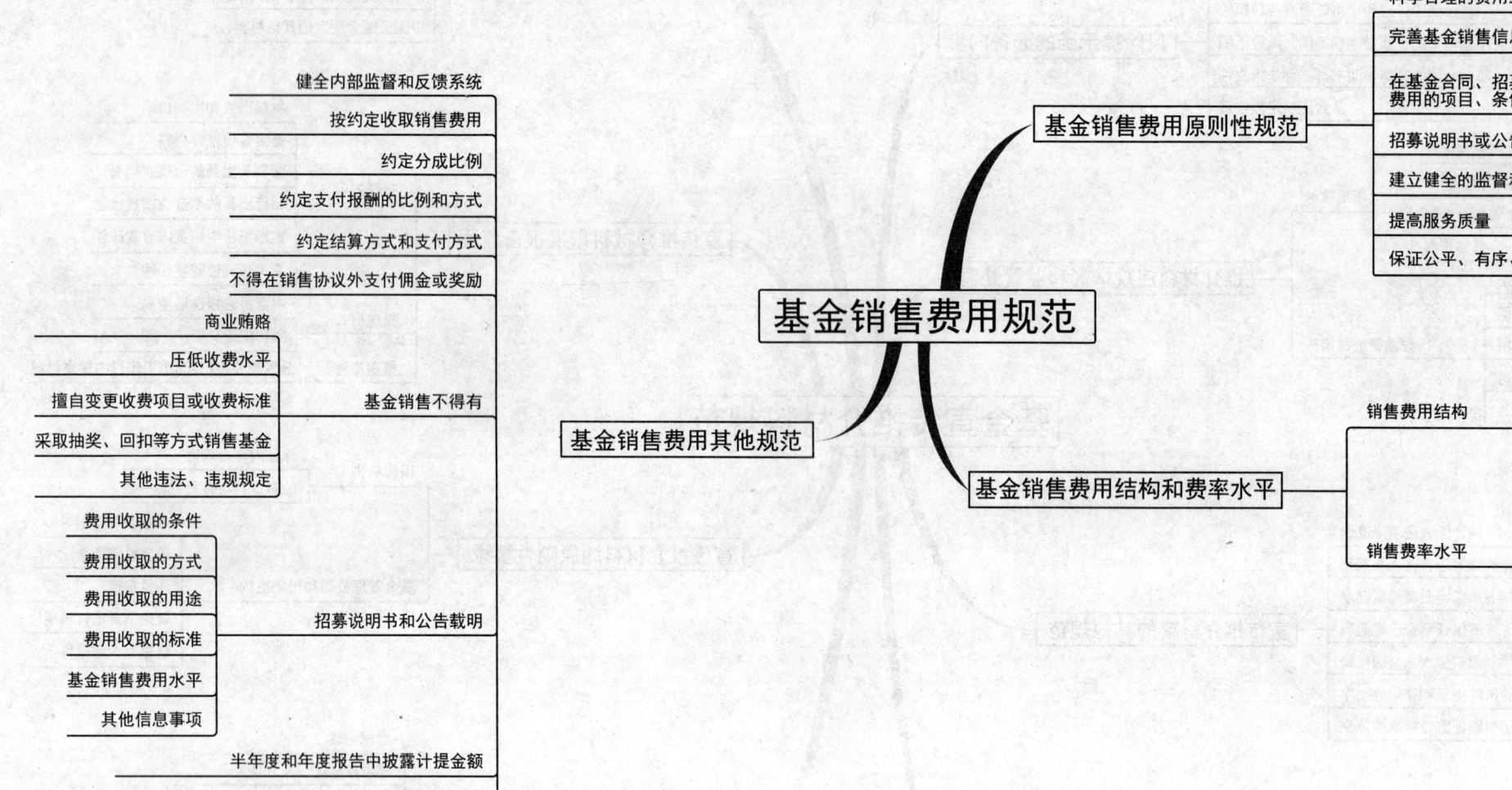

第四节 基金销售适用性

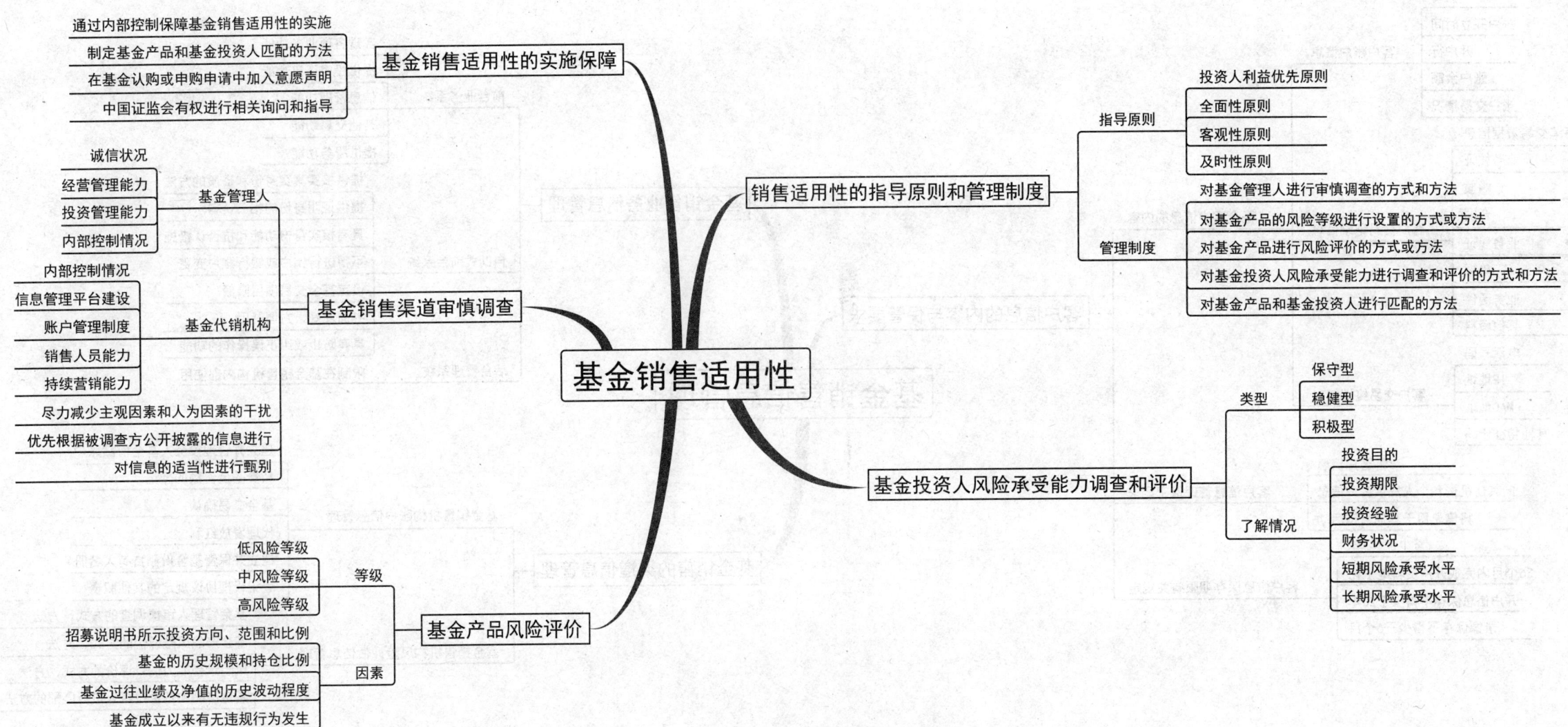

第五节 基金销售信息管理

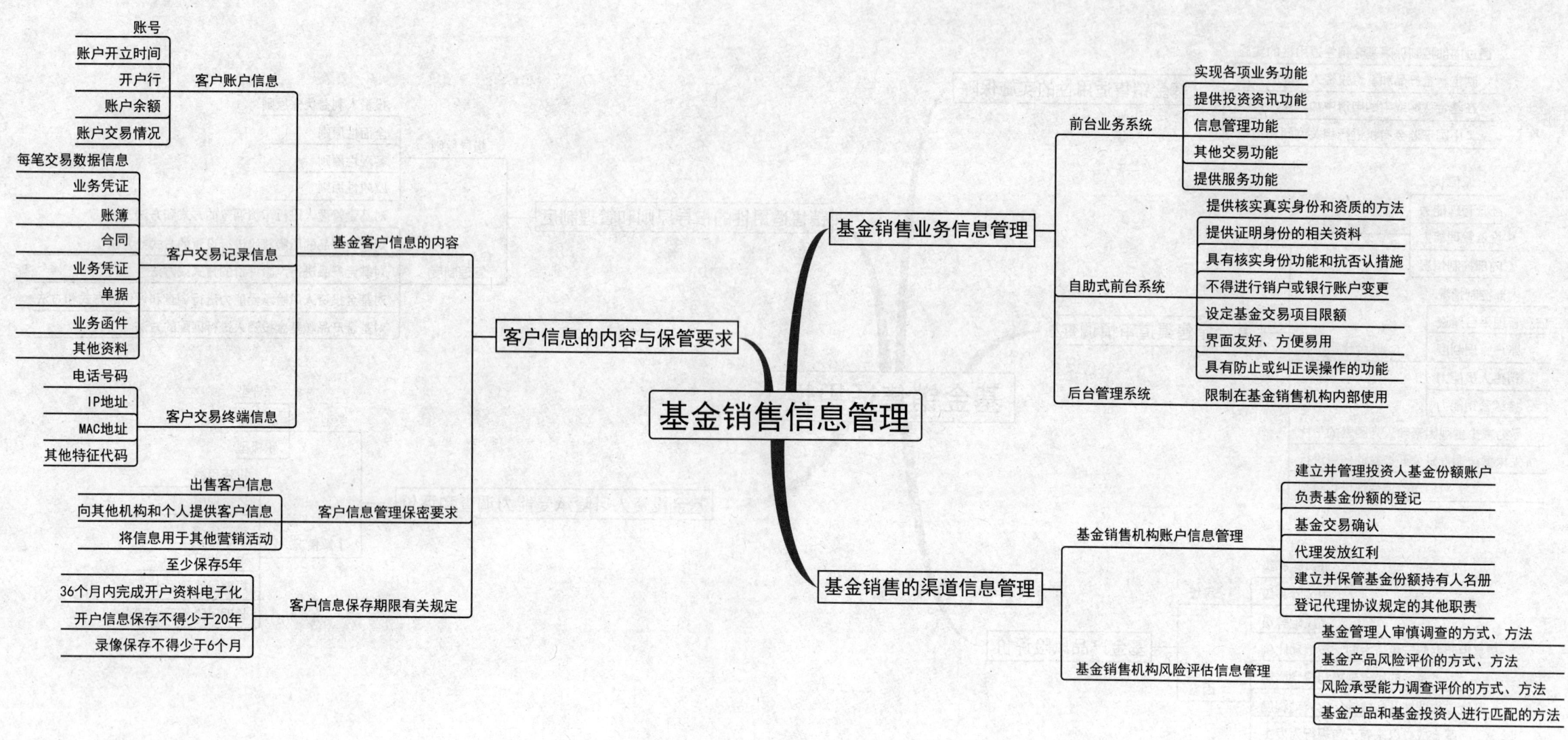

第十章 基金客户服务

第一节 基金客户服务概述

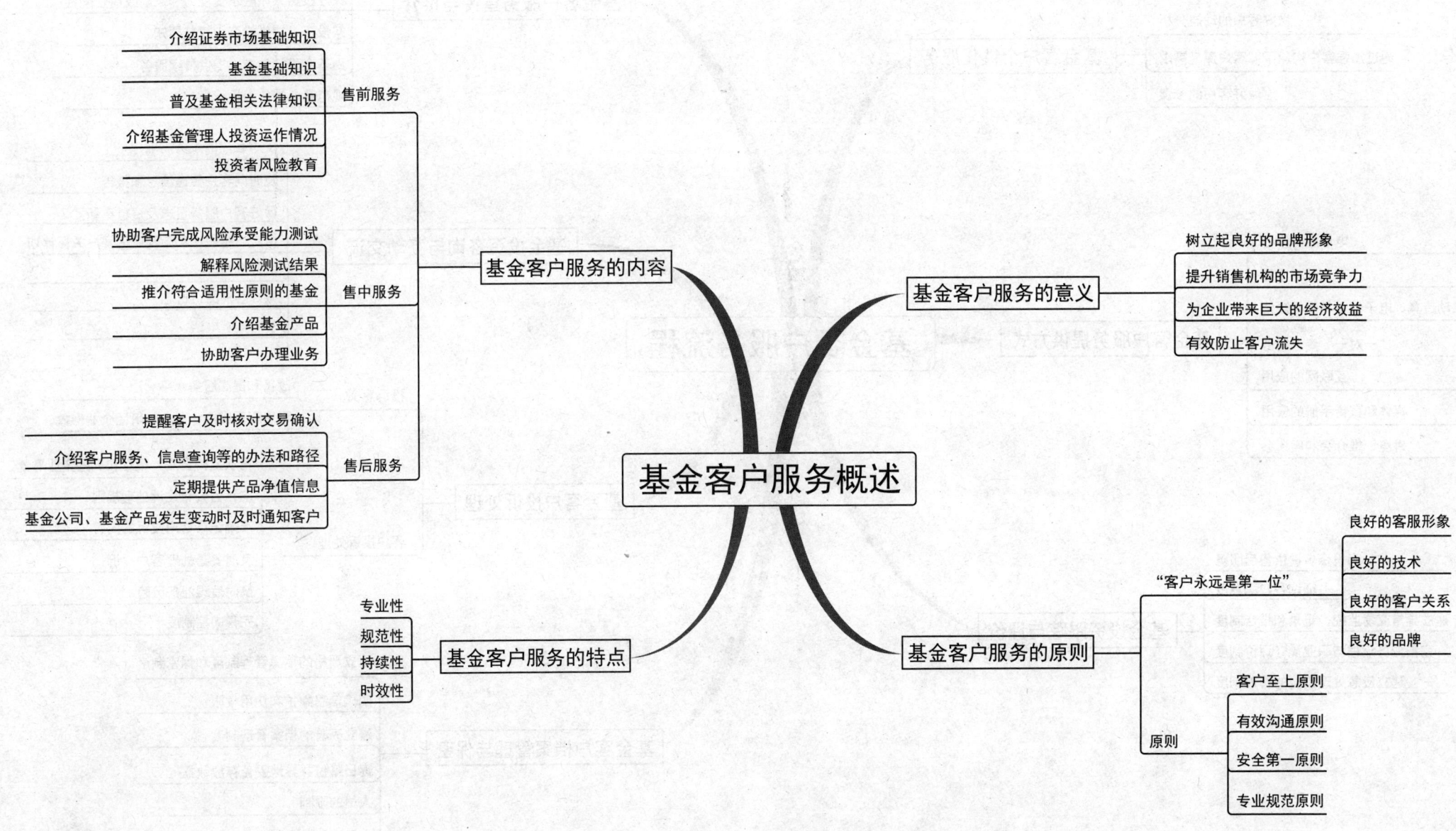

第二节 基金客户服务流程

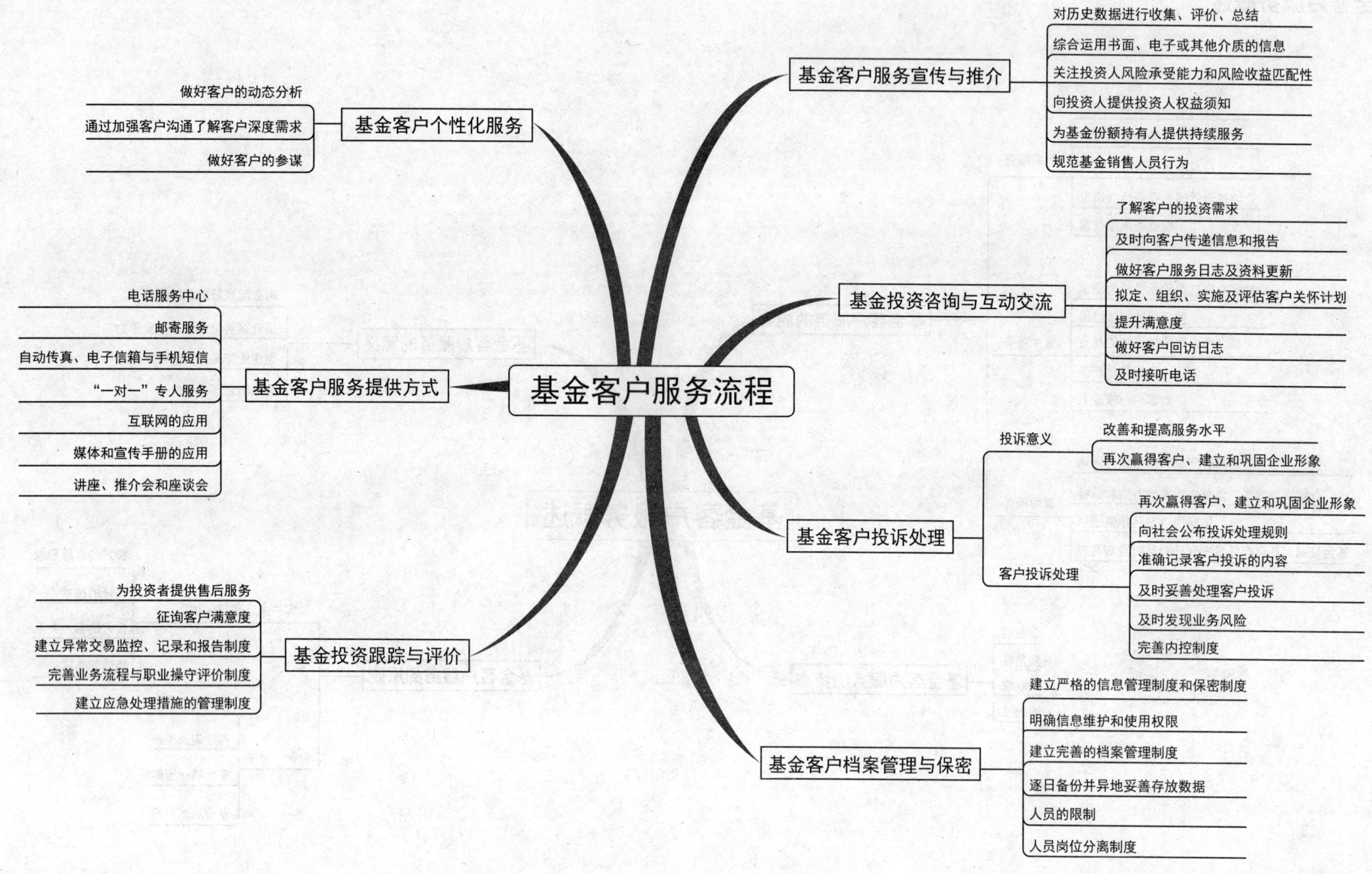

第三节 投资者教育工作

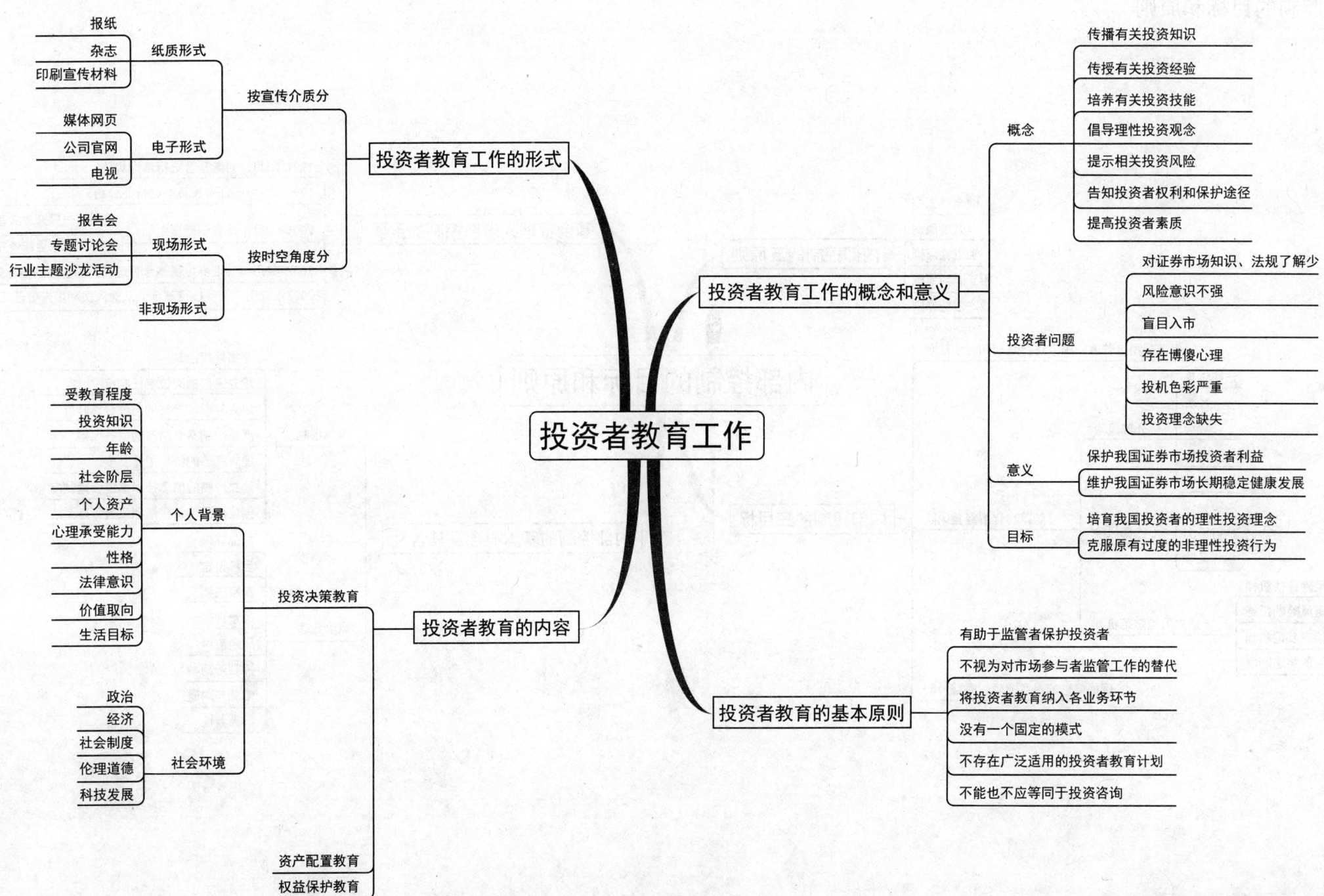

第十一章 基金管理人的内部控制

第一节 内部控制的目标和原则

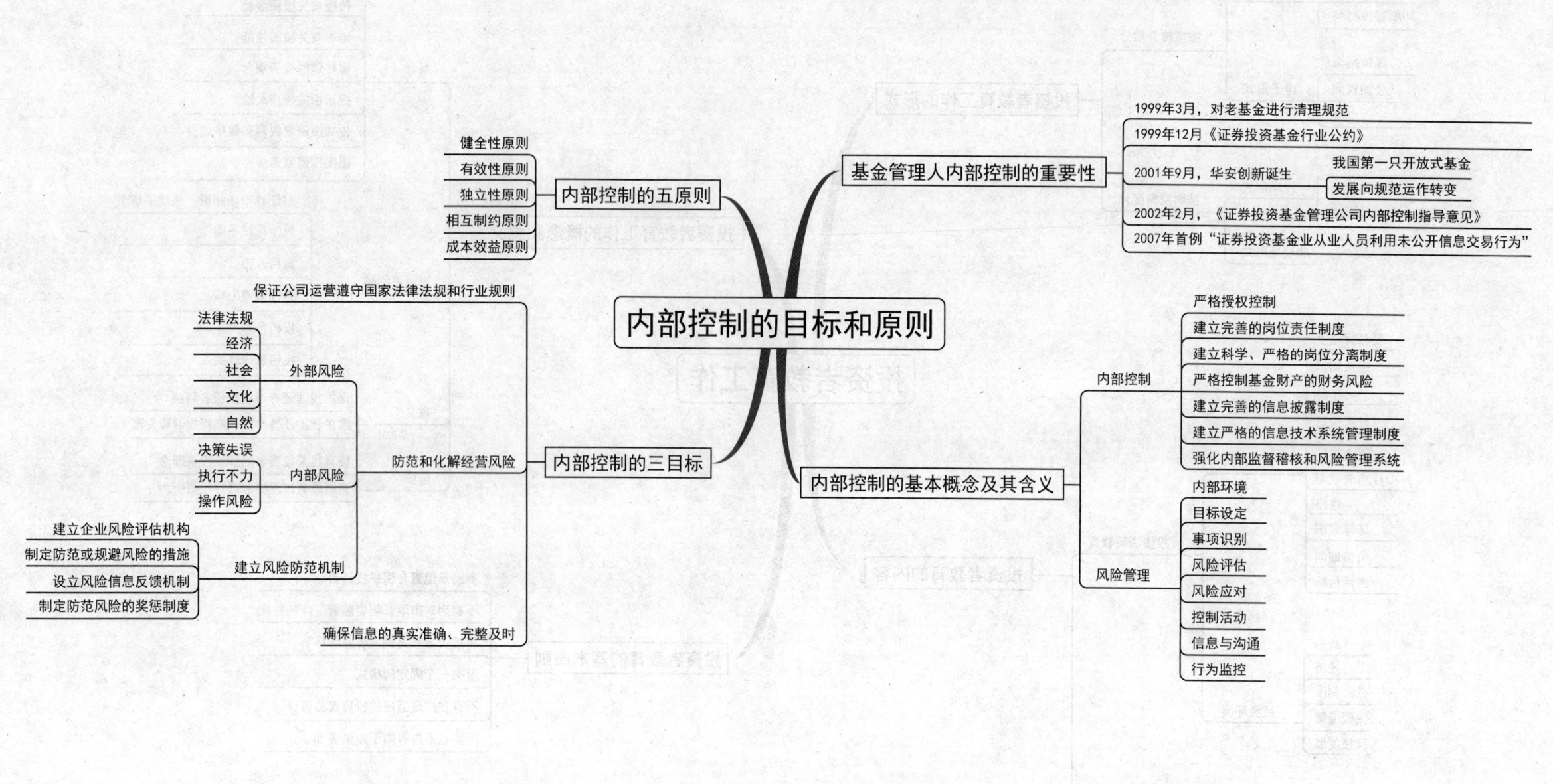

第二节 内部控制机制

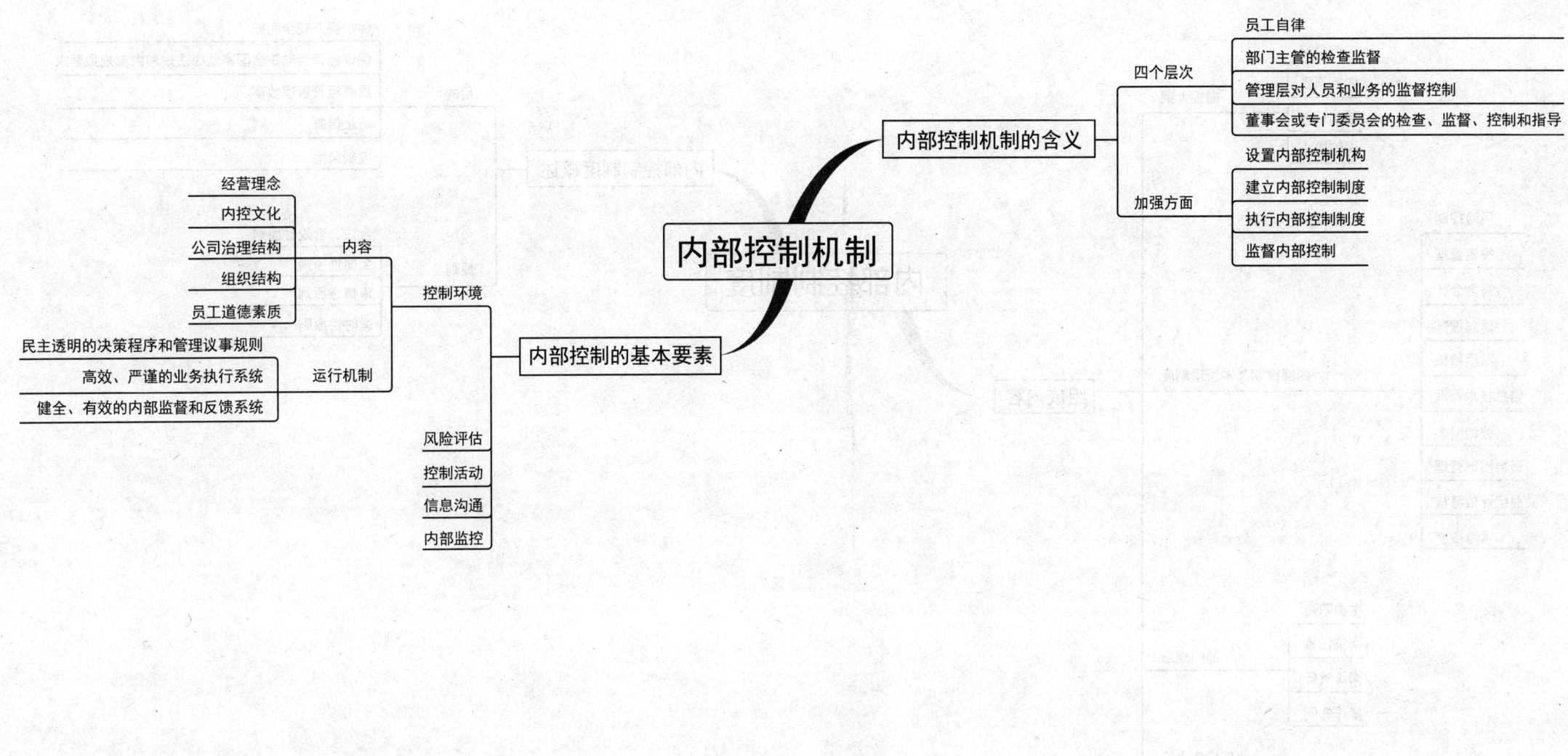

第三节 内部控制制度

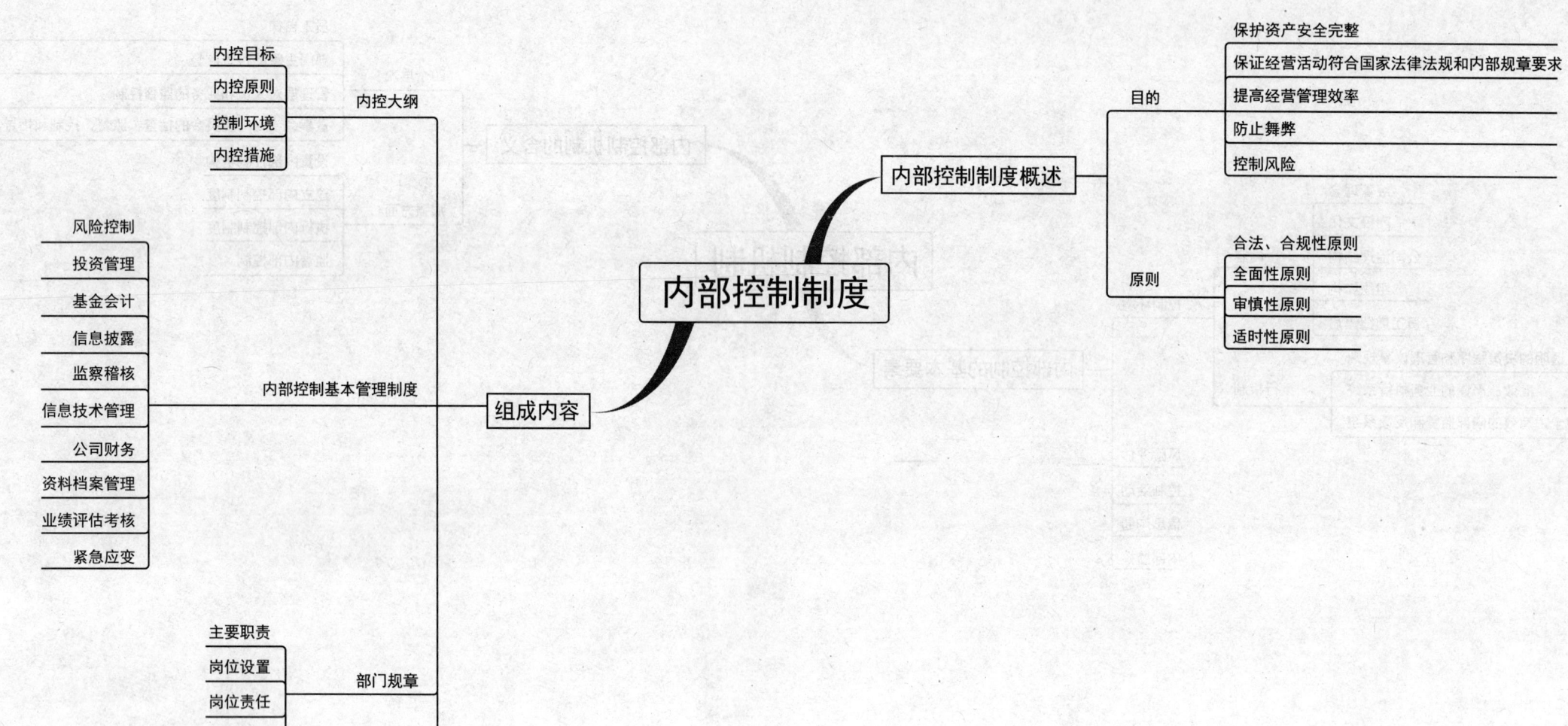

第四节 内部控制的主要内容

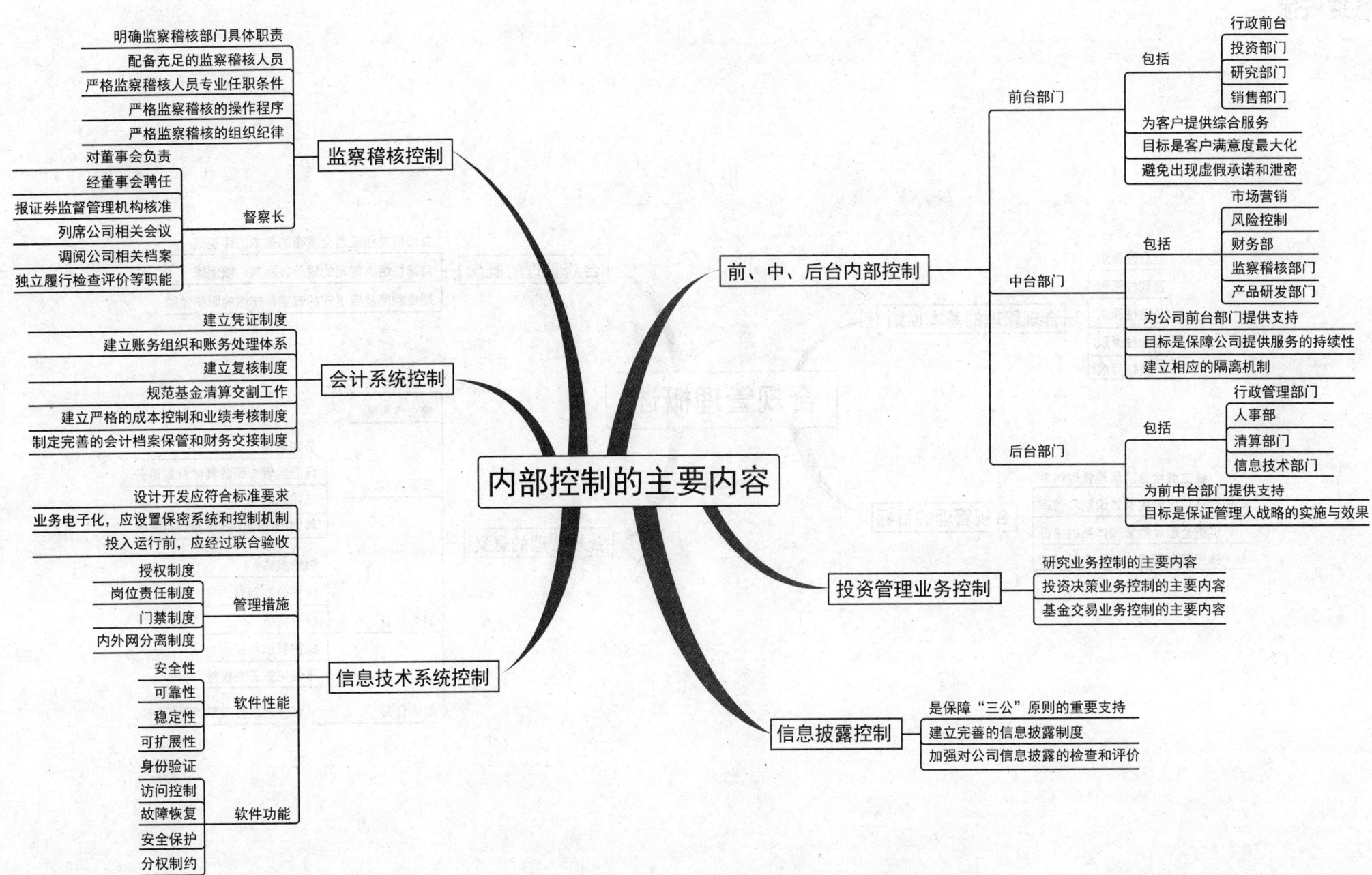

第十二章 基金管理人的合规管理

第一节 合规管理概述

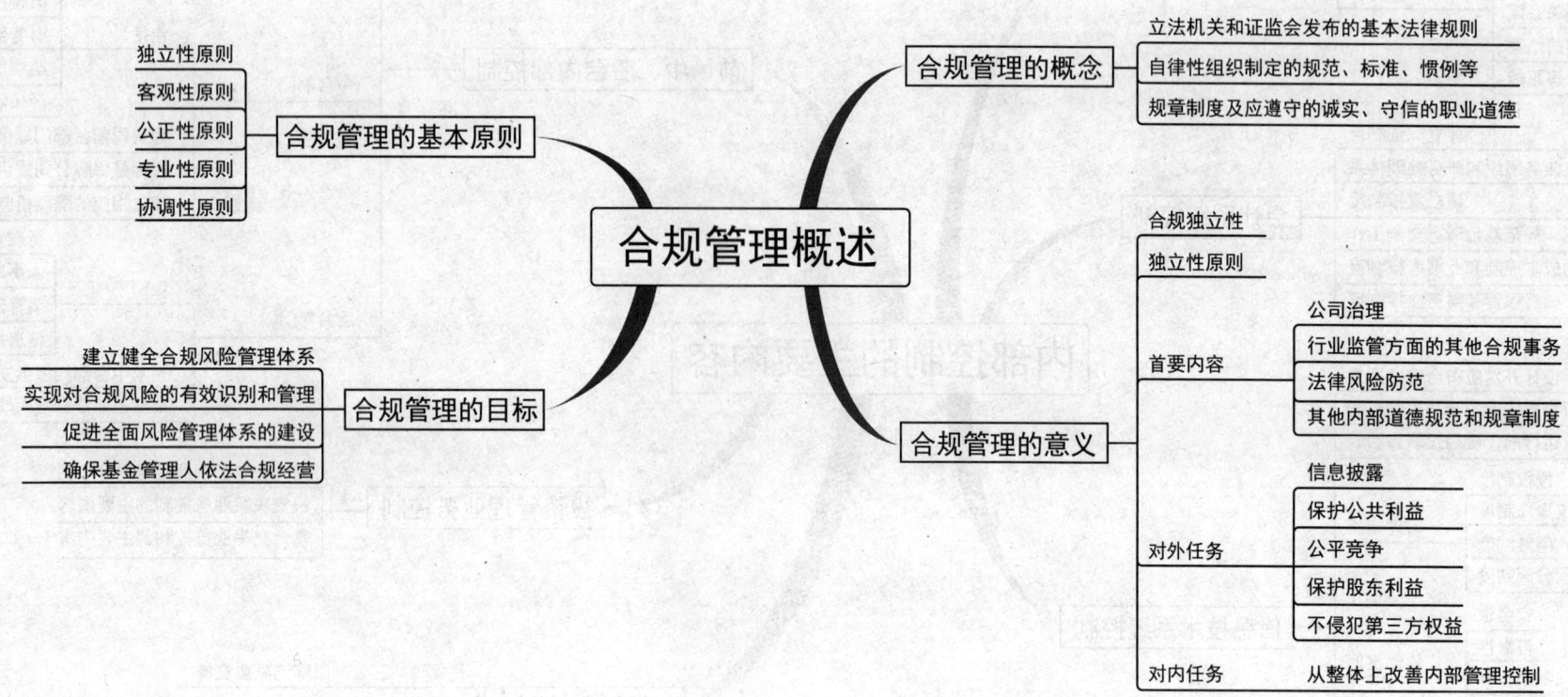

第二节 合规管理机构设置

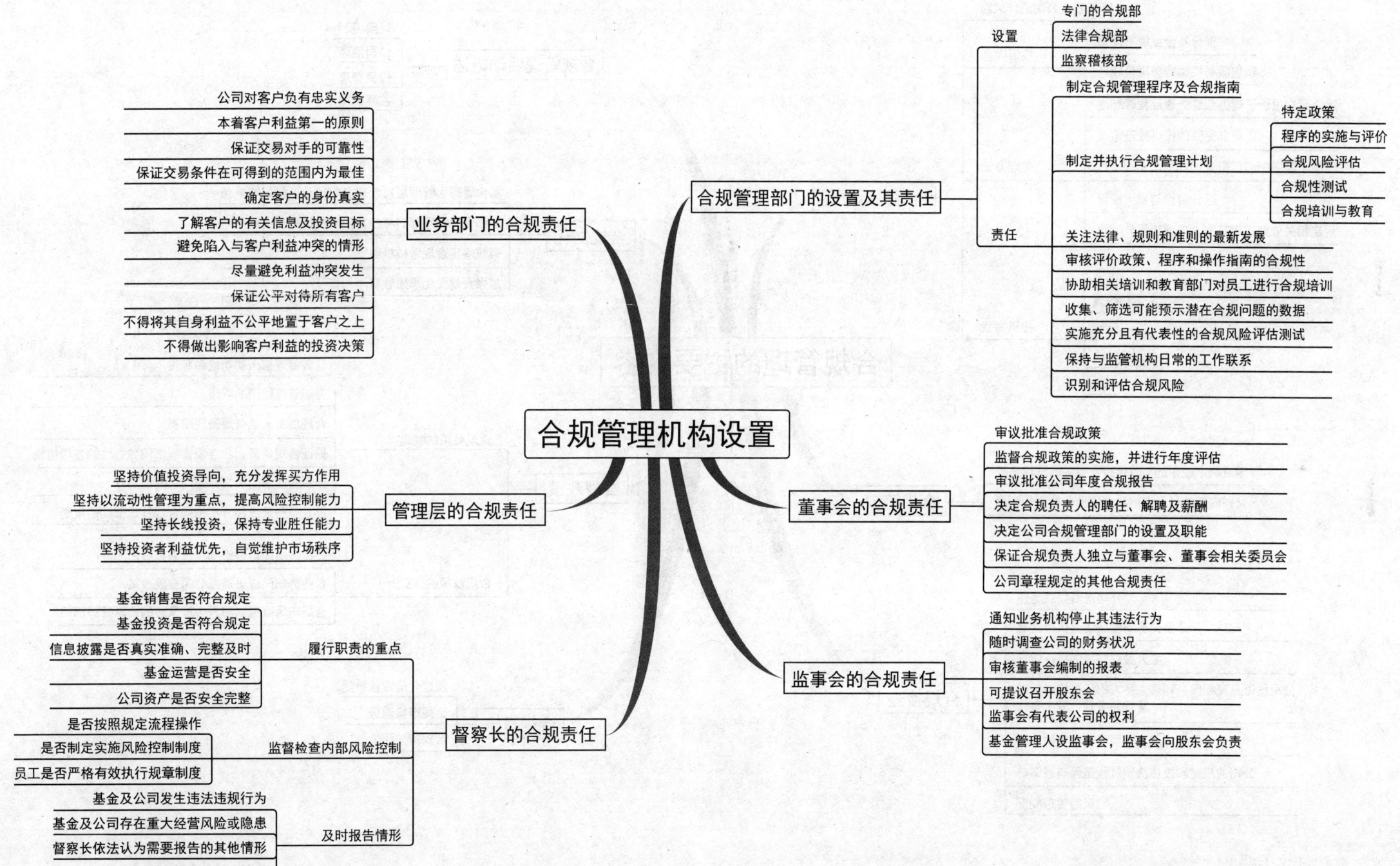

第三节 合规管理的主要内容

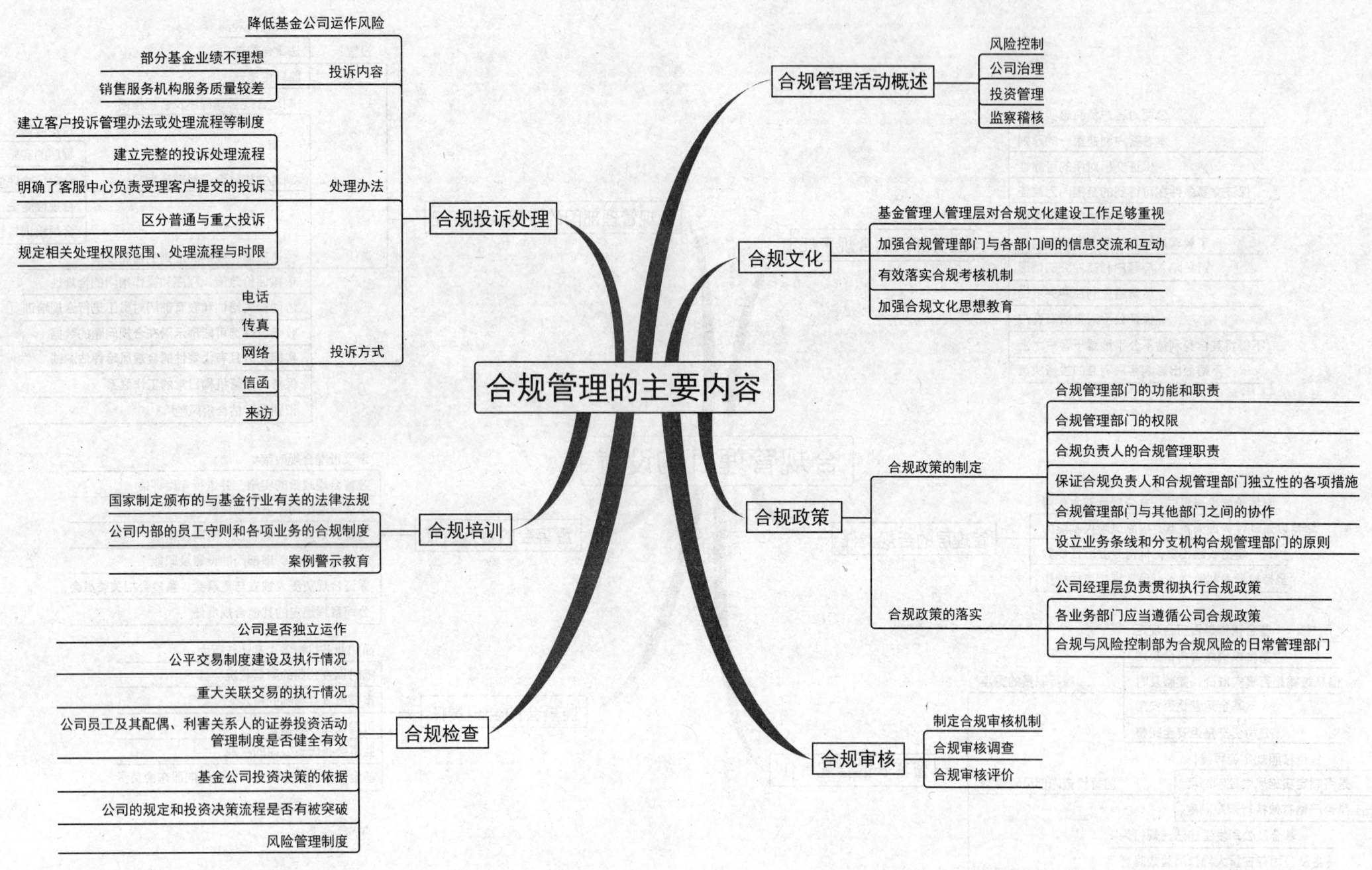

第四节 合规风险

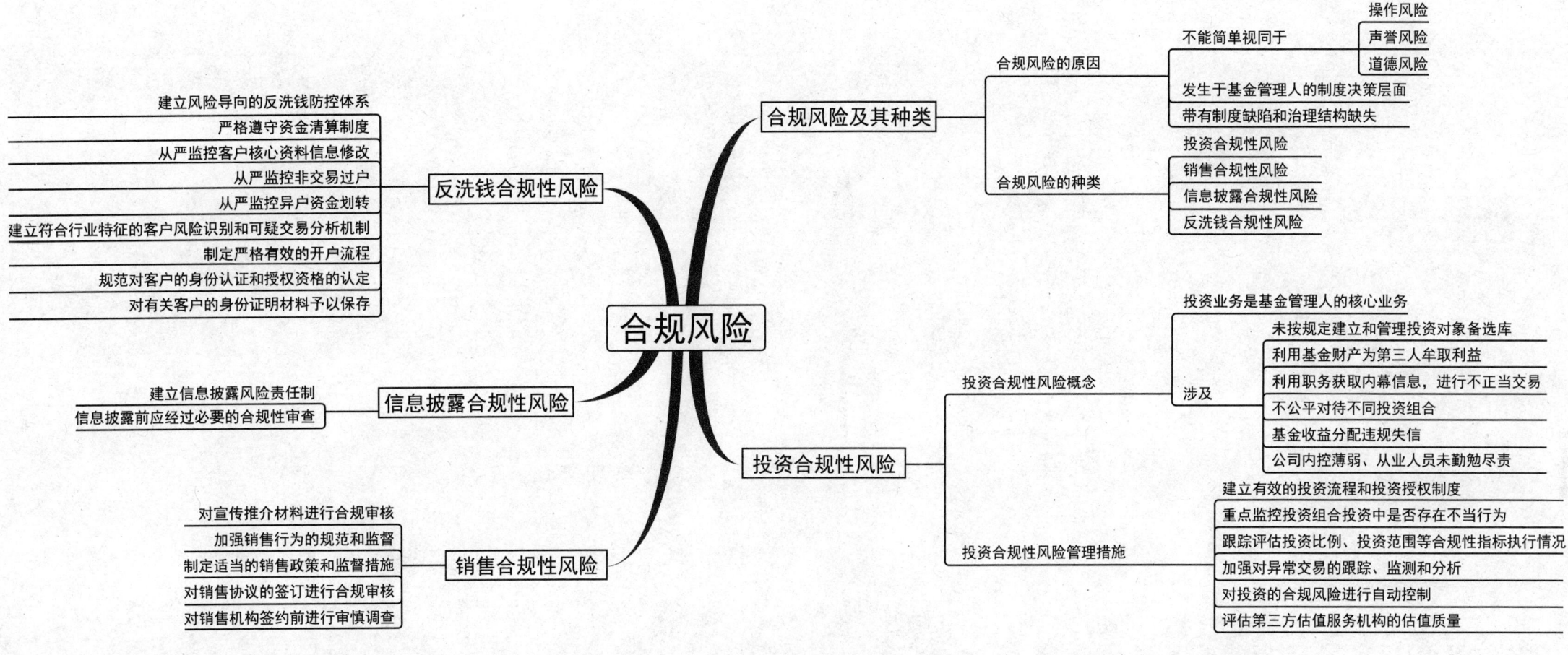

热题库使用说明

热题库设计模型：

欢迎大家使用热题库学习软件，这套软件是全国资格认证考试热题库编委会通过十余年的知识沉淀与经验积累而总结出的一套适用万千考生的学习方法。热题库中的考点和试题均由资深专业教师依据最新考试大纲要求进行编写，同时融入了历年考试真题，在保证试题质量及时效性的基础上，通过经典有效的考点挂习题形式对考点知识进行全方位覆盖，帮助考生逐一击破考试重点、难点及易错点，也因此被众多考生喻为"考试神器"。

- √ **新题练习**：以最新大纲要求为主线，为考生提供最新最全的应试题目。
- √ **热题研习**：通过对错比率来划分热度，热度越高，题目越精。
- √ **熟题重温**：重温做过的题目，加深对知识点的理解与应用。
- √ **错题重做**：对做错的题目重新作答，找到薄弱环节，逐个击破。
- √ **机编模拟**：按命题思路进行组卷，通过自测，把握考试重点，主攻薄弱环节。
- √ **典型试卷**：全国资格认证考试热题库编委会精心编排，囊括重点难点，保质保量。

纺织社热题库

1 · 主页面

热题库主页面上部分为考试科目名称、考生信息及考生学习情况，具体包括：考生头像、微信昵称、积分、新题总数、错题总数、熟题总数、勤奋/排名。

热题库主页面下部分为六大经典模块，分别是：新题练习、热题研习、熟题重温、错题重做、机编模拟、典型试卷。其中：新题练习、熟题重温、机编模拟为免费模块，热题研习、错题重做、典型试卷为收费模块。

积分：用你的积分可换取试题提问机会。
新题：提醒你，你还有多少道试题未做。
头像：点击头像，进入个人中心，查看你的资考信息。
错题：警告你，你已经做错这些数量的试题。
熟题：恭喜你，你成功答对这些数量的试题。
勤奋/排名：查看你在热题库中的江湖排名。

2 · 新题练习

新题中的题目按章节分类，点击章进入节列表，点击节进入考点列表，点击考点进入考点学习，此模块考生可免费使用。

考点中记录详细考点内容及解析，同时记录考生学习人数，点击章、节、考点右侧按钮直接进入答题页面。

考生选择选项后点击"上一题"、"下一题"默认提交答案；点击"查看答案"选项后，将不可再次更改答案；没有选择答案却点击"查看答案"选项后，本题按做错处理；

点击查看答案后，详细展示本题正确答案，正确率，考生选择，易错选项，被答次数。

3

- **考点**：点击考点进入考点详情页面进行学习，并记录考点学习人数。
- **我要提问**：考生在答题过程中遇到疑难问题可以使用"我要提问"进行悬赏积分提问
- **反馈**：考生对有疑问的题目进行错误反馈，老师会在第一时间对题目进行校验。
- **笔记**：在学习过程中记录重点难点题目，方便日后学习。

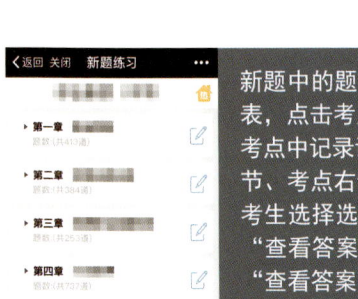

4 · 熟题重温

在其他模块中做对的题目都会进入"熟题重温"中，帮助考生分出已经掌握的题目，节省复习时间。

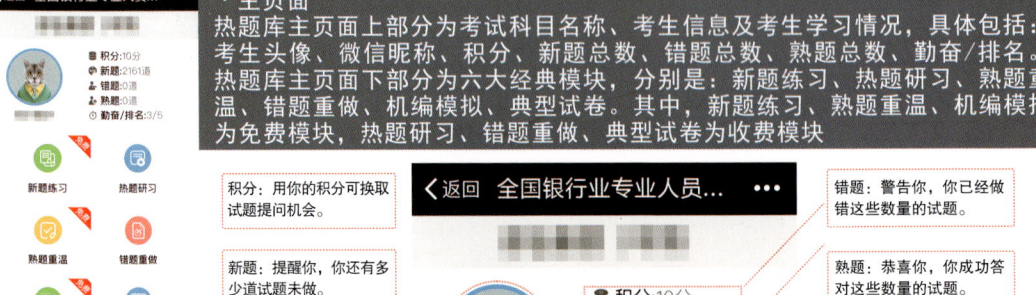

5 · 机编模拟

分为易、中、难三个梯度，考生可以结合自身对知识点掌握的熟练程度自主选择。易：模拟试卷的题目源于"熟题重温"；中：模拟试卷的题目源于"热题研习"；难：模拟试卷的题目源于"错题重做"，所有试卷都是随机生成。此模块可以帮助考生快速查缺补漏。

6 · 热题研习

大数据筛选，根据所有考生答题情况对每一道题目进行正确率统计，并按照正确率进行热度划分，考生可以借助他人的经验筛选题目，此模块特别适用于考试临近而又没有时间复习的考生。

7 · 错题重做

在"新题练习"、"热题研习"、"熟题重温"中做错的题目会进入到这个模块，所有错题按照时间倒序显示，距离当前时间越久越先显示，并且同一道错题需要连续做对三次才能进入到"熟题重温"中，错题的抗遗忘曲线法帮助考生真正掌握每一个考点。

8 · 典型试卷

"典型试卷"是由全国资格认证考试热题库编委会精心编写的冲刺试卷，帮助考生在考前冲刺使用，此模块的重要性不言自明。

9 · 个人中心

点击头像进入个人中心，在个人中心详细展示考生复习情况，根据考生学习进度及学习成果生成评估报告，并且可以根据做题量及正确率进行平台排名，促进考生学习欲望。日志、排行榜、复习进度、评估报告从不同角度记录考生学习进度，帮助考生直观地了解复习情况。对于有疑问的问题和重点问题可以使用笔记记录或者使用积分悬赏进行提问；有能力的考生也可以对其他考生的提问进行解答，赚取积分的同时增强考生之间的互动性。

10 功能

- **日志**：记录考生每天的复习情况、做题总数、错题总数、正确率，方便考生安排复习计划。
- **排行榜**：对所有参加考试的考生答题情况进行排名，知己知彼百战不殆。
- **复习进度**：把每科考试按照章节划分查漏补缺，哪里没学学哪里。
- **评估报告**：根据考生做题情况进行图表展示，让考生更直观地了解复习情况。
- **笔记题目**：重点难点问题反复学习，记录上次学习知识盲点，温故而知新。
- **我的提问**：考生对有疑问的问题进行提问，快速找到解决和学习办法。
- **我的回答**：考生之间的互动，帮助别人的同时加深自己对知识点的理解，同时赚取积分。
- **已购买的热题**：热题快速进入渠道，直接答题告别繁琐。
- **已购买的错题**：错题快速进入渠道，直接答题告别繁琐。
- **已购买的典型试卷**：典型试卷快速进入渠道，直接答题告别繁琐。

全国基金从业人员执业资格考试热题库

《基金法律法规、职业道德与业务规范》模拟试卷（一）

单项选择题（共 100 题，每小题 1 分，共 100 分。下列选项中只有一项最符合题目要求。不选、错选均不得分）

1. （　　）不是货币储蓄的特点。
   A. 储蓄的收益会超过通货膨胀
   B. 储蓄会有一定的利息收益
   C. 货币储蓄是指居民将货币收入存入银行的一种活动
   D. 货币储蓄确保本金安全

2. 货币市场工具一般指短期内的、具有高流动性的低风险债券，其中短期通常指（　　）以内。
   A. 1 个月　　　B. 6 个月　　　C. 12 个月　　　D. 3 个月

3. 在金融市场的主要构成要素中，主要以资金供应者身份参与金融市场是（　　）。
   A. 企业　　　B. 居民　　　C. 政府　　　D. 金融机构

4. 以下不属于资产管理特征的是（　　）。
   A. 从管理方式来看，主要通过投资证券、期货、基金、保险等资产实现增值
   B. 从受托资产来看，主要为货币等金融资产，一般不包括固定资产等实物资产
   C. 从参与方来看，包括委托方和受托方
   D. 从收益特征来看，是有增值的特点

5. 投资基金运作中的主要当事人不包括（　　）。
   A. 基金投资者　　B. 基金管理人　　C. 代理者　　D. 托管人

6. 承担高风险、追求高收益的投资模式的投资基金是（　　）。
   A. 风险投资基金　　　　　　B. 证券投资基金
   C. 对冲基金　　　　　　　　D. 另类投资基金

7. 证券投资基金的特点不包括（　　）。
   A. 风险共担　　B. 利益共享　　C. 集中投资　　D. 专业管理

8. 与其他金融工具相比较，开放式基金是一种（　　）。
   A. 债权凭证　　B. 收益凭证　　C. 信用凭证　　D. 受益凭证

9. 下列说法错误的是（　　）。
   A. 股票和债券是直接投资工具，筹集的资金主要投向实业领域
   B. 基金所筹集的资金主要投向有价证券等金融工具或产品，因而是一种间接投资工具
   C. 基金可以投资于众多金融工具或产品，风险相对适中，收益则高于股票

D. 通常情况下，股票价格波动性较大，是一种高风险的投资品种

10. 依据所承担的职责与作用的不同，可以将基金市场的参与主体分为基金当事人、（　　）、基金监管机构和自律组织。
    A. 基金市场服务机构　　　　　　　B. 基金市场中介机构
    C. 基金销售机构　　　　　　　　　D. 基金份额登记机构

11. 我国目前的契约型证券投资基金中，投资人如果购买了一定数量的基金份额，拥有的权利不包括（　　）。
    A. 基金份额的所有权　　　　　　　B. 基金份额的处置权
    C. 基金份额的收益权　　　　　　　D. 基金资产的管理权

12. 我国的证券交易所是依法设立的，（　　），为证券的集中和有组织的交易提供场所和设施，履行国家有关法律法规、规章、政策规定的职责，实行自律性管理的法人。
    A. 以利润最大化为目的　　　　　　B. 以收入最大化为目的
    C. 不以营利为目的　　　　　　　　D. 以指数最大化为目的

13. （　　）是负责代理发放红利、建立并保管基金份额持有人名册的机构。
    A. 基金份额登记机构　　　　　　　B. 基金销售支付机构
    C. 基金销售机构　　　　　　　　　D. 基金估值核算机构

14. 对社保基金资产进行投资管理属于基金管理公司的（　　）。
    A. 受托管理业务　　B. 基金销售业务　　C. 基金管理业务　　D. 募集资金活动

15. 开放式基金的买卖价格以（　　）为基础。
    A. 市场供求关系　　　　　　　　　B. 银行存款利率
    C. 基金份额净值　　　　　　　　　D. 基金份额总额

16. 我国开放式基金的存续期为（　　）。
    A. 5年　　　　　B. 15~50年　　　　　C. 15年　　　　　D. 一般无期限

17. 封闭式证券投资基金与开放式证券投资基金的主要区别之一是（　　）。
    A. 基金规模是否固定　　　　　　　B. 基金成立是否规定了最低规模
    C. 是否被监管部门严格监督　　　　D. 是否具有股权性

18. 全球各种基金类型中，在数量和规模上具有优势的是（　　）。
    A. 债券基金　　　B. 股票基金　　　C. 收入基金　　　D. 货币市场基金

19. 2008年以后，面对全球金融危机带来的不利影响，基金业进行了积极的改革和探索，不属于其改革内容的是（　　）。
    A. 分业化局面初步显现　　　　　　B. 放松管制、加强监管
    C. 向多元化发展　　　　　　　　　D. 互联网金融与基金业有效结合

20. 关于基金分类的意义，以下表述不正确的是（　　）。
    A. 有利于监督部门针对不同基金的特点实施更有效的分类监督
    B. 基金分类是基金评价机构进行基金评级的基础
    C. 有助于投资者对基金风险收益特征的把握
    D. 有助于确保投资者投资基金获利

21. 关于公募证券投资基金的表述，不正确的是（ ）。
    A. 需要公开披露招募信息   B. 面向社会公开发行
    C. 发行对象为不特定投资人   D. 发行对象为特定投资人
22. 同时投资于价值型股票与成长型股票的基金被称为（ ）。
    A. 均衡型基金   B. 防御型基金   C. 平衡型基金   D. 收益型基金
23. 下列关于基金与股票的说法，正确的是（ ）。
    A. 基金和股票都属于所有权凭证
    B. 股票属于间接投资工具
    C. 基金属于间接投资工具，所筹集的资金主要投资于实业
    D. 通常，股票的风险和收益要大于基金的风险和收益
24. 价值型股票基金与成长型股票基金相比（ ）。
    A. 投资风险一样   B. 投资风险高低无法比较
    C. 投资风险相对较低   D. 投资风险相对较高
25. 债券基金对（ ）的投资者具有较强的吸引力。
    A. 追求短期收益   B. 追求高收益
    C. 偏好高风险高收益   D. 追求稳定收益
26. 下列基金类型中投资风险最低的是（ ）。
    A. 指数基金   B. 债券基金   C. 股票基金   D. 货币市场基金
27. 下列关于ETF联接基金特征的描述不正确的是（ ）。
    A. 联接基金依附于主基金   B. 增强了ETF市场的交易活跃度
    C. 能参与ETF的套利   D. 不是基金中的基金
28. 《合格境内机构投资者境外证券投资管理试行办法》规定，符合条件的境内基金管理公司和（ ），经中国证监会批准，可在境内募集资金进行境外证券投资管理。
    A. 保险公司   B. 证券公司   C. 信托公司   D. 投资咨询公司
29. 根据子份额之间（ ）的不同，可以将分级基金分为简单融资型分级基金与复杂型分级基金。
    A. 运作方式   B. 投资对象   C. 募集方式   D. 收益分配
30. 我国基金市场的监管主体是（ ）。
    A. 中国证监会   B. 中国保监会
    C. 中国基金业协会   D. 中国银监会
31. 基金监管活动的要素包括（ ）等。
    A. 原则、内容、方式、手段   B. 目标、原则、方式、手段
    C. 目标、体制、内容、方式   D. 目标、体制、手段、方式
32. 以下基金监管措施中，属于事中监管的是（ ）。
    A. 检查   B. 行政处罚   C. 调查取证   D. 稽核
33. 中国证监会工作人员依法履行职责，进行调查或者检查时，不得少于（ ）人。
    A. 5   B. 3   C. 2   D. 10
34. 证券交易所在监控中发现基金交易行为异常，涉嫌违法违规的，可以根据具体情

况，采取（　　）等措施。
A. 取消资格　　B. 没收违法所得　　C. 罚款　　D. 电话提示、警告

35. 经（　　）批准，基金管理公司可以设立全资子公司，也可以与其他投资者共同出资设立子公司。
A. 国务院　　B. 中央银行　　C. 基金业协会　　D. 中国证监会

36. 不得担任公开募集基金的基金管理人的董事、监事、高级管理人员和其他从业人员的情形不包括（　　）。
A. 因犯有贪污贿赂、渎职、侵犯财产罪或者破坏社会主义市场经济秩序罪，被判处刑罚的
B. 个人所负债务数额较大，到期已清偿的
C. 个人所负债务数额较大，到期未清偿的
D. 因违法行为被吊销执业证书或者被取消资格的律师、注册会计师和资产评估机构、验证机构的从业人员

37. 基金托管人资格由中国证监会和（　　）核准。
A. 中国银监会（全称为"中国银行业监督委员会"）
B. 中国人民银行
C. 中国证监会的派出机构
D. 财政部

38. 基金托管人根据（　　）的指令办理资金划拨。
A. 基金销售机构　　B. 基金注册登记机构
C. 基金管理人　　D. 基金投资人

39. 基金销售机构的宣传推介材料，应当报经营活动所在地（　　）备案。
A. 证监会派出机构　　B. 银监会
C. 行业协会　　D. 保监会

40. 下列不属于基金信息披露的主要监督者的是（　　）。
A. 证券投资基金业协会　　B. 证监会及其派出机构
C. 基金托管人　　D. 证券交易所

41. 关于基金份额持有人大会，下列描述错误的是（　　）。
A. 基金份额持有人大会应当有代表1/2以上基金份额的持有人参加，方可召开
B. 基金份额持有人大会只能采取现场方式召开
C. 基金份额持有人大会不得就未经公告的事项进行表决
D. 召开基金份额持有人大会，召集人应当至少提前30日公告基金份额持有人大会相关事项

42. 关于私募基金的监管，以下描述正确的是（　　）。
A. 发行私募基金需经中国基金业协会审批
B. 中国基金业协会对私募基金实施统一监管的职责
C. 发行私募基金不设行政审批
D. 设立私募基金管理机构需经证监会审批

43. 下列投资者中（　　）不能被视为非公开募集基金的合格投资者。
    A. 社会保障基金
    B. 企业年金
    C. 慈善基金
    D. 最近3年个人年均收入30万元的个人

44. 职业道德是与人们的（　　）紧密联系的，符合职业特点要求的道德规范的总和。
    A. 职业行为　　B. 工作行为　　C. 经济行为　　D. 文化行为

45. 某公募基金管理公司基金经理甲的妻子进行证券投资，甲没有向所在公司事先申报，违反了（　　）职业道德要求。
    A. 诚实守信　　B. 保守秘密　　C. 客户至上　　D. 守法合规

46. 某基金经理散布关于上市公司的不实利好消息，从而推高公司的股价，以使自己运作的基金获利。下列说法错误的是（　　）。
    A. 该基金经理实施了不当影响证券价格的行为
    B. 该行为属于基于信息的操纵市场行为
    C. 该基金经理的行为目的是为了所管理的基金获益，不违反职业道德要求
    D. 该行为有误导市场参与者的意图

47. 基金从业人员小刘在工作中得到有关A股票的一些内幕信息，于是在一个私下场合暗示自己的女友购买该股票，这种行为违反了（　　）原则。
    A. 不得操纵市场　　　　　　B. 不得欺诈客户
    C. 不得进行内幕交易　　　　D. 不得进行不正当竞争

48. 关于基金职业道德规范中，对基金从业人员专业审慎的基本要求，以下错误的是（　　）。
    A. 持续学习　　　　　　　　B. 持证上岗
    C. 审慎开展执业活动　　　　D. 具有本科以上学历

49. 甲在担任A基金管理公司监察稽核部负责人时，应其在B基金管理公司筹备监察稽核部的同学乙的要求，将A基金的控制制度、工作流程等发送给乙参考。在上述案例中，甲的行为违反了基金职业道德规范中（　　）的要求。
    A. 保守秘密　　B. 守法合规　　C. 忠诚尽责　　D. 诚信守信

50. （　　）是基金职业道德规范教育的基础和保障。
    A. 投资者信任　　　　　　　B. 职业道德素养
    C. 基金监管法规　　　　　　D. 基金职业道德观念教育

51. 基金管理人应当在收到中国证监会确认文件的（　　）发布基金合同生效公告。
    A. 当日　　B. 次日　　C. 第3日　　D. 第5日

52. 基金的募集一般要经过（　　）四个步骤。
    A. 申请、注册、发售、基金验资　　B. 申请、审批、发售、基金合同生效
    C. 申请、注册、发售、基金合同生效　D. 申请、审批、注册、基金验资

53. 下列关于发起式基金的表述，不正确的是（　　）。
    A. 持有期限不少于3年

B. 基金管理人在募集基金时，使用公司股东资金、公司固有资金、公司高级管理人员或者基金经理等人员资金认购基金的金额不少于2000万元人民币
   C. 发起资金的持有期限自该基金公开发售之日或者合同生效之日孰晚日起计算
   D. 基金合同生效3年后，若基金资产净值低于2亿元，基金合同自动终止

54. 下列关于QDII基金份额认购和分级基金份额的说法，不正确的是（　　）。
   A. 基金管理人可以根据产品特点确定QDII基金份额面值的大小
   B. QDII基金份额只能用人民币认购
   C. 目前我国分开募集的分级基金仅限于债券型分级基金
   D. 分级基金份额募集期间可以通过基金管理人及其销售机构的营业网点进行场外认购

55. 某投资人认购1000000元的基金份额，基金份额面值为1.00元/份，认购费率为1%，认购期间产生的利息为3元，则其认购份额为（　　）份。
   A. 990102   B. 990099   C. 1000003   D. 990399

56. 封闭式基金的报价单位为每份基金价格，基金的申报价格最小变动单位为0.001元人民币，买入与卖出封闭式基金份额申报数量应当为（　　）份或其整数倍，单笔最大数量应低于100万份。
   A. 1   B. 10   C. 100   D. 1000

57. 非交易过户不包括（　　）。
   A. 捐赠   B. 继承   C. 司法强制执行   D. 转换

58. 基金赎回费在扣除手续费后，余额不得低于赎回费总额的（　　），并应当归入基金财产。
   A. 10%   B. 25%   C. 33%   D. 50%

59. 下列关于ETF份额折算与变更登记的表述，正确的是（　　）。
   A. 基金托管人办理ETF基金份额折算
   B. 基金管理人办理变更登记
   C. 折算后持有人的基金份额占基金份额总额的比例发生改变
   D. 持有人按折算后的基金份额享有权利并承担义务

60. 由（　　）向深圳证券交易所提交LOF上市交易申请。
   A. 基金管理人   B. 基金销售机构
   C. 基金注册登记人   D. 基金持有人

61. 开放式基金注册登记机构通过设立和维护（　　），确认基金份额持有人持有基金份额。
   A. 基金份额持有人资金账户   B. 基金销售机构的销售账户
   C. 基金份额持有人名册   D. 基金管理人的交易账户

62. （　　）要求用精确的语言披露信息，不使人误解，不得使用模棱两可的语言。
   A. 真实性原则   B. 准确性原则   C. 完整性原则   D. 规范性原则

63. 基金信息披露的最根本、最重要的原则是（　　）原则。
   A. 时效性   B. 重要性   C. 真实性   D. 全面性

64. 开放式基金管理人应在基金合同生效后每（　　）个月结束之日起（　　）日内，将更新的招募说明书登载在管理人网站上。
   A. 6；30   B. 3；45   C. 3；30   D. 6；45

65. 基金管理人召集基金份额持有人大会应至少提前（　　）日公告大会的召开时间、会议形式、审议事项和表决方式等事项。
   A. 10   B. 15   C. 30   D. 60

66. 基金托管人的基金托管部门主要业务人员在1年内变动超过（　　）时，托管人应当在变化发生之日起2日内编制并披露临时报告书，并报中国证监会及其派出机构备案。
   A. 30%   B. 50%   C. 15%   D. 5%

67. 作为投资者，应对招募说明书中的信息加以重点关注，其中不包括（　　）。
   A. 业绩比较基准   B. 风险收益特征
   C. 投资策略   D. 收益预期

68. 货币基金通常不需要定期披露份额净值，而是披露（　　）。
   A. 每份基金收益、最近7日年化收益率
   B. 每份基金收益、最近3日年化收益率
   C. 每万份基金收益、最近3日年化收益率
   D. 每万份基金收益、最近7日年化收益率

69. 基金年度报告披露的财务指标中，能够较为合理地评价基金业绩表现的指标是（　　）。
   A. 期末基金份额净值   B. 基金份额净值增长率
   C. 基金净值总额   D. 期末可供分配利润

70. 基金管理人关于ETF基金份额参考净值的计算方式，一般需经（　　）认可后公告。
   A. 证券交易所   B. 证券业协会   C. 基金业协会   D. 证监会

71. 根据规定，证券投资基金份额持有人享有的权利，不包括（　　）。
   A. 参与基金日常投资管理
   B. 申购、赎回或者转让基金份额
   C. 取得基金收益
   D. 出席或者委派代表出席基金份额持有人大会

72. 营销人员在开发客户中运用最多的方法是（　　）。
   A. 介绍法   B. 陌生拜访法   C. 缘故法   D. 广告宣传法

73. 基金销售目标客户市场细分"利润原则"是指（　　）。
   A. 基金投资的风险管理能力   B. 基金产品的可投资性
   C. 基金投资获取的利润   D. 细分市场具有足够的业务量

74. 目前，我国基金代销机构不包括（　　）。
   A. 基金销售公司 B. 证券公司   C. 保险公司   D. 财务公司

75. （　　）不属于基金销售结算资金。

A. 基金赎回资金 B. 基金申购资金
C. 基金投资收益 D. 基金现金分红

76. 下列关于基金市场营销的表述，错误的有（   ）。
    A. 基金营销作为一种理财服务，需要持续性服务
    B. 与一般有形产品的营销相比，基金对营销人员的专业水平有更高的要求
    C. 基金销售机构应坚持适用性原则，把合适的产品卖给合适的基金投资人
    D. 基金作为一种金融产品，收益与风险是确定的

77. 基金销售的（   ）要求，基金销售机构在制定产品策略和促销策略时，需要严格遵守监管部门在基金销售费用、基金销售宣传推介等方面的规定。
    A. 适用性 B. 服务性 C. 专业性 D. 规范性

78. 基金销售机构中必须取得基金从业资格的人员是（   ）。
    A. 销售机构的管理人员 B. 从事基金理财业务咨询的人员
    C. 总部从事基金宣传推介的人员 D. 基金研究分析人员

79. 关于基金销售人员的行为，以下表述正确的是（   ）。
    A. 根据投资者风险承受能力选择性推荐基金
    B. 承诺基金投资收益
    C. 通过基金过往业绩预测基金收益
    D. 对机构客户提供优先服务

80. 基金的宣传推介资料中，符合法律法规相关要求的是（   ）。
    A. 登载完整的风险提示函 B. 使用"净值归一"等表述
    C. 使用"坐享财富增长"的表述 D. 预测基金的证券投资业绩

81. 基金宣传推介材料可以登载该基金、基金管理人管理的其他基金的过往业绩，但基金合同生效不足（   ）个月的除外。
    A. 1 B. 6 C. 9 D. 3

82. 不需要在基金合同、招募说明书中约定赎回费的收取标准和计入基金财产的比例的基金是（   ）。
    A. 分级基金 B. LOF C. ETF D. 社保基金

83. 基金销售机构在基金销售活动中，可以采取的行为是（   ）。
    A. 采取抽奖方式销售基金 B. 依靠服务质量销售基金
    C. 赠送基金份额销售基金 D. 低于基金销售成本销售基金

84. 以下不属于基金销售适用性原则的是（   ）原则。
    A. 及时性 B. 全面性 C. 安全性 D. 客观性

85. 依据适用性原则，基金销售机构向基金投资人推介基金产品的重要依据是（   ）。
    A. 基金管理人的风险控制能力 B. 基金产品风险评价结果
    C. 基金经理的过往业绩 D. 基金销售机构的营销计划

86. 基金管理人变更基金份额登记机构的，应当在变更前将变更方案报（   ）备案。
    A. 中国证监会 B. 中国保监会 C. 中国人民银行 D. 中国银监会

87. 基金售后服务不包括（   ）。

A. 向客户介绍客户服务、信息查询等的办法和路径
B. 协助客户办理开立账户、申购、赎回、资料变更等基金业务
C. 提醒客户及时核对交易确认
D. 基金公司、基金产品发生变化时及时通知客户

88. 我国相关法律法规规定,系统运行数据中涉及基金投资人信息和交易记录的备份,应当在不可修改的介质上保存( )年。
    A. 25   B. 15   C. 10   D. 5

89. ( )是对投资额较大的个人投资者和机构投资者提供的最具有个性化特征的服务。
    A. 电子信箱   B. 互联网
    C. "一对一"专人服务   D. 电话服务中心

90. 基金管理人召集基金份额持有人大会,应至少提前30日公告大会的事项不包括( )。
    A. 基金份额持有人名录   B. 召开时间
    C. 表决方式   D. 审议事项

91. 某基金管理公司在新股申购过程中因未遵守市值申购的原则导致申购失败,事后进行因分析时发现公司新股申购制度在法规发生变化后未及时更新。该事件反映该公司在内部控制方面违背了( )原则。
    A. 有效性   B. 健全性   C. 独立性   D. 相互制约

92. 以下不属于内部控制的原则的是( )。
    A. 健全性原则   B. 有效性原则   C. 成本效益原则   D. 审慎性原则

93. 对内部控制的监督,不能只重程序监督,而忽视对"内部人"监督,以下不属于加强对"内部人"监督措施的是( )。
    A. 建立部门之间牵制制度,杜绝部门权力过大或集体徇私舞弊
    B. 建立重大决策集体审批制度,杜绝业务管理层负责人独断专行
    C. 建立重大紧急事件的危机处理制度,杜绝对此类事件的处理不及时
    D. 建立关键岗位轮岗和定期稽查制度,加强对关键岗位人员的控制监督

94. 基金管理公司岗位分离制度不包括( )。
    A. 交易与清算的分离   B. 基金会计与公司会计的分离
    C. 投资与交易的分离   D. 清算与核算的分离

95. 基金管理公司内部控制制度的组成部分不包括( )。
    A. 内部控制大纲   B. 经营理念
    C. 基本管理制度   D. 部门业务规章

96. 信息技术内部控制制度不包括( )。
    A. 内部资金对账制度   B. 门禁制度
    C. 严格的授权制度   D. 内外网分离制度

97. 基金管理公司必须以( )为基金会计核算主体。
    A. 基金管理公司   B. 所管理的全部基金总体

C. 所管理的不同基金类别 D. 所管理的每只基金

98. 基金管理人合规管理的基本原则不包括（　　）原则。
    A. 成熟性 B. 协调性 C. 独立性 D. 客观性

99. 经理人员执行业务违反法律法规、公司章程以及从事登记营业范围之外的业务时，（　　）有权通知他们停止其行为。
    A. 董事 B. 高级管理人员 C. 股东 D. 监事

100. 下列对于合规责任对管理层的规定的描述，不正确的是（　　）。
    A. 公司应当按照保护基金份额持有人利益的原则，建立紧急应变制度，处理公司遭遇突发事件等非常时期的业务
    B. 经理层人员应当熟悉相关法律、行政法规及中国证监会的监管要求，依法合规、勤勉、审慎地行使职权
    C. 经理层人员应当构建公司自身的企业文化，保持公司内部机构和人员责任体系、报告路径的清晰、完整，不得违反规定的报告路径
    D. 基金管理人可设总经理、副总经理多人

模拟试卷（一）参考答案及解析

1. 【答案】　A
【解析】货币储蓄是指居民将暂时不用或结余的货币收入存入银行或其他金融机构的一种存款活动。储蓄的特征是其保值性，接受储蓄的银行或是金融机构需要首先保证储蓄的本金安全，除本金外，储蓄还会带来一定的利息收益。

2. 【答案】　C
【解析】货币市场工具一般指到期日不足1年的短期金融工具。

3. 【答案】　B
【解析】金融市场的参与者主要有政府、中央银行、金融机构、个人和企业居民。其中，居民是金融市场上主要的资金供给者。居民为了预防未来支出的不确定性或是出于节俭等目的，将收入的一部分用于储蓄。部分居民动用储蓄资金投资于股票、债券、基金等资本市场工具，投资于保险市场或参与黄金市场交易，组合其金融资产，实现风险与收益的最佳匹配。居民投资者是金融市场供求均衡的重要力量。

4. 【答案】　D
【解析】资产管理具有以下特征：①从参与方来看，资产管理包括委托方和受托方，委托方为投资者，受托方为资产管理人。资产管理人根据投资者授权，进行资产投资管理，承担受托人义务。②从受托资产来看，主要为货币等金融资产，一般不包括固定资产等实物资产。③从管理方式来看，资产管理主要通过投资于银行存款、证券、期货、基金、保险或实体企业股权等资产实现增值。

5. 【答案】　C
【解析】投资基金是资产管理的主要方式之一，它是一种组合投资、专业管理、利益共享、风险共担的集合投资方式。投资基金主要是一种间接投资工具，基金投资者、基金管理人和托管人是基金运作中的主要当事人。

6. 【答案】 C

【解析】对冲基金是基于投资理论和极其复杂的金融市场操作技巧，充分利用各种金融衍生产品的杠杆效用，承担高风险、追求高收益的投资模式。

7. 【答案】 C

【解析】证券投资基金的特点包括：①集合理财、专业管理；②组合投资、分散风险；③利益共享、风险共担；④严格监管、信息透明；⑤独立托管、保障安全。

8. 【答案】 D

【解析】投资基金按照运作方式，可分为开放式、封闭式基金。投资基金是资产管理的主要方式之一，它是一种组合投资、专业管理、利益共享、风险共担的集合投资方式。它主要通过向投资者发行受益凭证，将社会上的资金集中起来，交给专业的基金管理机构投资于各种资产，实现保值增值。

9. 【答案】 C

【解析】一般而言，股票高风险、高收益，基金则风险相对适中、收益相对稳健。

10. 【答案】 A

【解析】依据所承担的职责与作用的不同，可将基金市场的参与主体分为基金当事人、基金市场服务机构、基金监管机构和自律组织三大类。基金市场服务机构除了基金管理人、基金托管人外，还包括基金销售机构、基金销售支付机构、基金份额登记机构、基金估值核算机构、基金投资顾问机构、基金评价机构、基金信息技术系统服务机构以及律师事务所和会计师事务所等。

11. 【答案】 D

【解析】我国基金份额持有人依法享有以下权利：分享基金财产收益，参与分配清算后的剩余基金财产，依法转让或者申请赎回其持有的基金份额，依照规定要求召开基金份额持有人大会，对基金份额持有人大会审议事项行使表决权，查阅或复制公开披露的基金信息资料，对基金管理人、基金托管人、基金销售机构损害其合法权益的行为依法提出诉讼，基金合同约定的其他权利。

12. 【答案】 C

【解析】我国的证券交易所是依法设立的，不以营利为目的，为证券的集中和有组织的交易提供场所和设施，履行国家有关法律法规、规章、政策规定的职责，实行自律性管理的法人。

13. 【答案】 A

【解析】基金份额登记机构的主要职责有：建立并管理投资人的基金账户；负责基金份额的登记；基金交易确认；代理发放红利；建立并保管基金份额持有人名册；法律法规或份额登记服务协议规定的其他职责。

14. 【答案】 A

【解析】基金管理公司分化加剧、业务呈现多元化发展趋势。部分基金管理公司取得了全国社会保障基金、企业年金的管理资格，开展社保基金及年金受托管理业务。

15. 【答案】 C

【解析】开放式基金是指基金份额不固定，基金份额可在基金合同约定的时间和场所进行申购或者赎回的一种基金运作方式。开放式基金的买卖价格是以基金份额净值为基础，不受市场供求关系的影响。

16. 【答案】 D

【解析】封闭式基金和开放式基金期限不同，封闭式基金一般有一个固定的存续期；而开放式基金往往是无特定存续期限的。《证券投资基金法》规定，封闭式基金合同中必须规定基金封闭期，封闭式基金期满后可通过一定的法定程序延期或者转为开放式。

17. 【答案】 A

【解析】封闭式基金是指基金份额在基金合同期限内固定不变，基金份额可在依法设立的证券交易所交易，但基金份额持有人无法申请赎回的一种基金运作方式。开放式基金是指基金份额不固定，基金份额可在基金合同约定的时间和场所进行申购或赎回的一种基金运作方式。

18. 【答案】 B

【解析】在各种基金类型中，股票基金的资产规模和数目均具有优势。

19. 【答案】 A

【解析】2008年至今，中国基金业进行了积极的改革和探索，其内容包括：①放松管制、加强监管；②基金管理公司业务和产品创新，不断向多元化发展；③互联网金融与基金业有效结合；④股权与公司治理创新得到突破；⑤专业化分工推动行业服务体系创新；⑥混业化和大资产管理的局面初步显现。

20. 【答案】 D

【解析】基金分类的意义表现在：对基金投资者而言，基金数量越来越多，投资者需要在众多的基金中选择适合自己风险收益偏好的基金。科学合理的基金分类将有助于投资者加深对各种基金的认识及对风险收益特征的把握，有助于投资者做出正确的投资选择与比较。对基金管理公司而言，基金业绩的比较应该在同一类别中进行才公平合理。对基金研究评价机构而言，基金的分类则是进行基金评级的基础。对监管部门而言，明确基金的类别特征将有利于针对不同基金的特点实施更有效的分类监管。

21. 【答案】 D

【解析】公募基金主要具有下列特征：①可以面向社会公众公开发售基金份额和宣传推广，基金募集对象不固定；②投资金额要求低，适宜中小投资者参与；③必须遵守基金法律和法规的约束，并接受监管部门的严格监管。

22. 【答案】 C

【解析】专注于价值型股票投资的股票基金叫做价值型股票基金；专注于成长型股票投资的股票基金叫做成长型股票基金；同时投资于价值型股票与成长型股票的基金则称为平衡型基金。

23. 【答案】 D

【解析】A项，股票属于所有权凭证，基金是一种收益凭证；B、C项，股票是直接投资工具，筹集的资金主要投向实业领域，基金是间接投资工具，所筹集的资金主要投向有价证券等金融工具或产品。

24. 【答案】 C

【解析】根据股票性质的不同，一般可将股票分为价值型股票与成长型股票。价值型股票通常是指收益稳定、价值被低估、安全性较高的股票，其市盈率、市净率往往较低；成长型股票一般是指收益增长速度快、未来发展潜力大的股票，其市盈率、市净率通常较高。

25.【答案】　D

【解析】债券基金主要以债券为投资对象，所以对追求稳定收入的投资者具有较强的吸引力。债券基金的波动性通常小于股票基金，因此常常被投资者认为是收益、风险适中的投资工具。

26.【答案】　D

【解析】按照国际惯例，根据基金产品的风险收益特征将基金产品分为股票基金、混合基金、债券基金和货币市场基金四大类。货币市场基金具有风险低、流动性好的特点，是厌恶风险、对资产流动性以及安全性要求较高的投资者进行短期投资的理想工具。

27.【答案】　C

【解析】联接基金不得参与ETF的套利，发展联接基金主要是为了做大指数基金的规模。联接基金的目的不在于套利，而是通过将银行渠道的资金引进来，做大指数基金的规模，推动指数化投资。

28.【答案】　B

【解析】中国证监会颁布的《合格境内机构投资者境外证券投资管理试行办法》规定，符合条件的境内基金管理公司和证券公司，经中国证监会批准，可以在境内募集资金进行境外证券投资管理。这种经由中国证监会批准可以在境内募集资金进行境外证券投资的机构称为合格境内机构投资者（QDII）。

29.【答案】　D

【解析】A项，按照运作方式可将分级基金分为封闭式分级基金与开放式分级基金；B项，按照投资对象可将分级基金分为股票型分级基金、债券型分级基金、QDII分级基金等；C项，按照募集方式可将分级基金分为合并募集和分开募集两种类型。

30.【答案】　A

【解析】根据《中华人民共和国证券法》和《证券投资基金法》的规定，国务院证券监督管理机构即中国证监会是我国基金市场的监管主体，依法对基金市场主体及其活动实施监督管理。

31.【答案】　C

【解析】基金监管体系，即为基金监管活动各要素及其相互间的关系。基金监管活动的要素主要有目标、体制、内容和方式等。

32.【答案】　A

【解析】检查是基金监管的重要措施，属于事中监管方式。检查可分为日常检查和年度检查，也可分为现场检查和非现场检查。

33.【答案】　C

【解析】中国证监会工作人员依法履行职责，进行调查或检查时，不得少于2人，并应当出示合法证件；对调查或者检查中知悉的商业秘密负有保密的义务。

34.【答案】　D

【解析】证券交易所在监控中发现基金交易行为异常，涉嫌违法违规的，可根据具体情况，采取电话提示、警告、约见谈话、公开谴责等措施，并同时向中国证监会报告。

35.【答案】 D

【解析】按照《证券投资基金管理公司子公司管理暂行规定》，经中国证监会批准，基金管理公司可以设立全资子公司，也可与其他投资者共同出资设立子公司。

36.【答案】 B

【解析】不得担任公开募集基金的基金管理人的董事、监事、高级管理人员和其他从业人员的情形：①因犯有贪污贿赂、渎职、侵犯财产罪或者破坏社会主义市场经济秩序罪，被判处刑罚的；②对所任职的公司、企业因经营不善破产清算或者因违法被吊销营业执照负有个人责任的董事、监事、厂长、高级管理人员，自该公司、企业破产清算终结或者被吊销营业执照之日起未逾五年的；③个人所负债务数额较大，到期未清偿的；④因违法行为被开除的基金管理人、基金托管人、证券交易所、证券公司、证券登记结算机构、期货交易所、期货公司及其他机构的从业人员和国家机关工作人员；⑤因违法行为被吊销执业证书或者被取消资格的律师、注册会计师和资产评估机构、验证机构的从业人员、投资咨询从业人员；⑥法律、行政法规规定不得从事基金业务的其他人员。

37.【答案】 A

【解析】基金托管人由依法设立的商业银行或者其他金融机构担任。商业银行担任基金托管人的，由中国证监会会同中国银监会（全称为"中国银行业监督委员会"）核准；其他金融机构担任基金托管人的，由中国证监会核准。

38.【答案】 C

【解析】依据《证券投资基金法》的规定，基金托管人职责之一是按照基金合同的约定，根据基金管理人的投资指令，及时办理清算、交割事宜。

39.【答案】 A

【解析】依据《证券投资基金销售管理办法》的规定，基金管理人的基金宣传推介材料，应事先经基金管理人负责基金销售业务的高级管理人员和督察长检查，出具合规意见书，并自向公众分发或者发布之日起5个工作日内报主要经营活动所在地中国证监会派出机构备案。其他基金销售机构的基金宣传推介材料，需事先经基金销售机构负责基金销售业务和合规的高级管理人员检查，出具合规意见书，并自向公众分发或者发布之日起5个工作日内报工商注册登记所在地中国证监会派出机构备案。

40.【答案】 C

【解析】基金托管人是基金信息披露义务人。

41.【答案】 B

【解析】基金份额持有人大会可采取现场方式召开，也可采取通信等方式召开。

42.【答案】 C

【解析】我国对于非公开募集基金的监管，由中国证监会及其派出机构担负对私募基金市场实施统一监管的职责。对于设立私募基金管理机构和发行私募基金不设行政审批。

43.【答案】 D

【解析】社会保障基金、企业年金等养老基金，慈善基金等社会公益基金，依法设立并在基金业协会备案的投资计划,以及投资于所管理私募基金的私募基金管理人及其从业人员,都可被视为非公开募集基金的合格投资者,但是金融资产低于 300 万元或者最近 3 年个人年均收入低于 50 万元的个人不能视为合格投资者。

44. 【答案】 A

【解析】职业道德,又称职业道德规范,是一般社会道德在职业活动和职业关系中的特殊表现,是与人们的职业行为紧密联系的符合职业特点要求的道德规范的总和。

45. 【答案】 D

【解析】根据《证券投资基金法》第十八条的规定,公开募集基金的基金管理人的董事、监事、高级管理人员以及其他从业人员,其本人、配偶、利害关系人进行证券投资,应当事先向基金管理人申报,并不得与基金份额持有人发生利益冲突。本例中,基金经理甲的妻子进行证券投资,甲未向所在公司事先申报,是违法行为。

46. 【答案】 C

【解析】该基金经理的行为属于基于信息的操纵市场。虽然基金经理的行为可能对其客户有利,但因为其有明显的误导市场参与者的意图,并实施了不当影响证券价格的行为,损害了资本市场的诚信。

47. 【答案】 C

【解析】基金从业人员不得自己或让他人利用内幕信息牟取不正当利益,不得从事或协同他人从事内幕交易或利用未公开信息从事交易活动,不得泄露利用工作便利获取的内幕信息或其他未公开信息,或明示、暗示他人从事内幕交易活动。

48. 【答案】 D

【解析】专业审慎是调整基金从业人员与职业之间关系的道德规范。专业审慎对于基金从业人员的基本要求体现在以下三个方面:持证上岗、持续学习、审慎开展执业活动。

49. 【答案】 A

【解析】保守秘密,是指基金从业人员不得泄露或者披露客户和所属机构或者相关基金机构向其传达的信息,除非该信息涉及客户或潜在客户的违法活动,或属于法律要求披露的信息,或者客户或潜在客户允许披露此信息。由此可见,甲的行为违反了保守秘密的要求。

50. 【答案】 D

【解析】基金职业道德观念教育是基金职业道德规范教育的基础和保障,只有首先树立了基金职业道德观念,才能使得基金从业人员在职业活动中,潜移默化地提升职业道德素养,进而将职业道德规范变成自发自觉的职业行为。

51. 【答案】 B

【解析】中国证监会自收到基金管理人验资报告和基金备案材料之日起 3 个工作日内予以书面确认;自中国证监会书面确认之日起,基金备案手续办理完毕,基金合同生效。基金管理人应当在收到中国证监会确认文件的次日予以公告。

52. 【答案】 C

【解析】基金的募集是指基金管理公司根据有关规定向中国证监会提交募集申请文件、发售基金份额、募集基金的行为。基金的募集通常要经过申请、注册、发售、基金合同生效等四个步骤。

53. 【答案】　　B

【解析】发起式基金是指基金管理人在募集基金时，使用公司股东资金、公司固有资金、公司高级管理人员或者基金经理等人员资金认购基金的金额不少于1000万元人民币，且持有期限不少于3年的基金。

54. 【答案】　　B

【解析】QDII基金份额除可用人民币认购外，也可用美元或其他外汇货币为计价货币认购。

55. 【答案】　　A

【解析】净认购金额＝认购金额/（1＋认购费率）＝1000000/（1＋1%）＝990099（元），认购份额＝（净认购金额＋认购利息）/基金份额面值＝（990099＋3）/1＝990102（份）。

56. 【答案】　　C

【解析】封闭式基金的报价单位为每份基金价格，基金的申报价格最小变动单位为0.001元人民币，买入和卖出封闭式基金份额申报数量应当为100份或其整数倍，单笔最大数量应低于100万份。

57. 【答案】　　D

【解析】基金的非交易过户是指在继承、赠与、破产支付等非交易原因情况下发生的基金单位所有权转移的行为。开放式基金非交易过户是指不采用申购、赎回等基金交易方式，将一定数量的基金份额按照一定规则从某一投资者基金账户转移至另一投资者基金账户的行为，主要包括继承、司法强制执行等方式。

58. 【答案】　　B

【解析】基金管理人办理开放式基金份额的赎回，应当收取赎回费。场外赎回可根据份额在场外的持有时间分段设置赎回费率；场内赎回为固定赎回费率，不能按份额持有时间分段设置赎回费率。赎回费在扣除手续费后，余额不得低于赎回费总额的25%，并归入基金财产。

59. 【答案】　　D

【解析】A项，ETF基金份额折算由基金管理人办理；B项，由登记结算机构进行基金份额的变更登记；C项，基金份额折算后，基金份额总额和基金份额持有人持有的基金份额将发生调整，但调整后的基金份额持有人持有的基金份额占基金份额总额的比例不发生改变。

60. 【答案】　　A

【解析】LOF完成登记托管手续后，由基金管理人向深圳证券交易所提交上市申请，申请在交易所挂牌上市。基金上市首日的开盘参考价是上市首日前一交易日的基金份额净值。

61. 【答案】　　C

【解析】开放式基金份额的登记，是指基金注册登记机构通过设立和维护基金份额持有人名册，确认基金份额持有人持有基金份额的事实的行为。基金份额登记具有确定与变更基金份额持有人及其权利的法律效力，是保障基金份额持有人合法权益的重要环节。

62. 【答案】　　B

【解析】基金信息披露的原则有：真实性原则、准确性原则、完整性原则、及时性原则和公平性原则。其中，准确性原则要求用精确的语言披露信息，在内容及表达方式上不使人误解，不得使用模棱两可的语言。

63. 【答案】 C
【解析】真实性原则是基金信息披露最根本、最重要的原则，它要求披露的信息以客观事实为基础，以没有扭曲和不加粉饰的方式反映真实状态。

64. 【答案】 D
【解析】开放式基金合同生效后每 6 个月结束之日起 45 日内，将更新的招募说明书登载在管理人网站上，更新的招募说明书摘要登载在指定报刊上；在公告的 15 日前，应向中国证监会报送更新的招募说明书，并就更新内容提供书面说明。

65. 【答案】 C
【解析】管理人召集基金份额持有人大会的，应至少提前 30 日公告大会的召开时间、会议形式、审议事项、议事程序和表决方式等事项。会议召开后，应将持有人大会决定的事项报中国证监会核准或备案，并予公告。

66. 【答案】 A
【解析】当基金发生涉及托管人及托管业务的重大事件时，例如，基金托管人的专门基金托管部门的负责人变动，该部门的主要业务人员在 1 年内变动超过 30%，托管人召集基金份额持有人大会，托管人的法定名称或住所发生变更，发生涉及托管业务的诉讼，托管人受到监管部门的调查或托管人及其托管部门的负责人受到严重行政处罚，等等，托管人应当在事件发生之日起 2 日内编制并披露临时公告书，并报中国证监会及地方监管局备案。

67. 【答案】 D
【解析】作为投资者，应对招募说明书中加以重点关注的信息包括：①基金运作方式；②从基金资产中列支的费用的种类、计提标准和方式；③基金份额的发售、交易、申购、赎回的约定，特别是买卖基金费用的相关条款；④基金投资目标、投资范围、投资策略、业绩比较基准、风险收益特征、投资限制等；⑤基金资产净值的计算方法和公告方式；⑥基金风险提示；⑦招募说明书摘要。

68. 【答案】 D
【解析】货币市场基金不像其他类型基金那样定期披露份额净值，而是需要披露收益公告，包括每万份基金收益及最近 7 日年化收益率。

69. 【答案】 B
【解析】基金年度报告中应披露下列财务指标：本期利润、本期利润扣减本期公允价值变动损益后的净额、加权平均份额本期利润、期末可供分配利润、期末可供分配份额利润、期末资产净值、期末基金份额净值、加权平均净值利润率、本期份额净值增长率和份额累计净值增长率等。其中，净值增长指标是目前比较合理的评价基金业绩表现的指标。

70. 【答案】 A
【解析】基金管理人关于 ETF 基金份额参考净值的计算方式，通常需经证券交易所认可后公告，修改 ETF 基金份额参考净值计算方式，也需经证券交易所认可后公告。

71. 【答案】 A

【解析】我国基金份额持有人享有下列权利：①分享基金财产收益；②参与分配清算后的剩余基金财产；③依法转让或者申请赎回其持有的基金份额；④按照规定要求召开基金份额持有人大会，对基金份额持有人大会审议事项行使表决权；⑤查阅或者复制公开披露的基金信息资料；⑥对基金管理人、基金托管人、基金销售机构损害其合法权益的行为依法提出诉讼。

72.【答案】 B

【解析】陌生拜访法针对陌生关系型群体，是营销人员通过主动自我介绍与陌生人认识、交流，把陌生人发展成为潜在客户的方法，是营销人员在开发客户中运用最多的方法。

73.【答案】 C

【解析】销售机构在进行市场细分时应遵循：①易入原则；②可测原则；③成长原则；④识别原则；⑤利润原则。其中，利润原则是指销售机构进行市场细分后，必须有足够的业务量，以保证销售机构在扣除经营成本和营销费用后，在现在或未来可获得一定的利润。

74.【答案】 D

【解析】代销机构是指与基金公司签订基金产品代销协议，代为销售基金产品，赚取销售佣金的商业机构，主要包括商业银行、证券公司、期货公司、保险机构、证券投资咨询机构以及独立基金销售机构。

75.【答案】 C

【解析】基金销售结算资金是指由基金销售机构、基金销售支付结算机构或基金注册登记机构归集的，在基金投资人结算账户和基金托管账户之间划转的基金申购（认购）、赎回、现金分红等资金。

76.【答案】 D

【解析】证券投资基金属于金融服务行业，其市场营销不同于有形产品营销，其特殊性主要表现在：①规范性，监管部门在基金销售费用、基金销售宣传推介等方面进行严格的规定；②服务性，基金作为一种金融产品，其产品品质体现为基金的未来收益与营销人员的持续服务；③专业性，基金销售要求营销人员广泛了解并掌握相关金融知识和投资工具；④持续性，基金营销是一种理财服务，不是一锤子买卖，因此更强调销售服务的持续性；⑤适用性，基金销售机构在销售基金和相关产品时，应依据投资者的风险承受能力销售不同风险等级的产品，注重销售的适用性。

77.【答案】 D

【解析】基金是面对广大投资者的金融理财产品，为了维护投资者利益，监管部门在基金销售费用、基金销售宣传推介等方面做了严格的规定。所以，基金销售机构在制定产品策略和促销策略时，需要严格遵守这些规定，这是基金销售规范性的客观要求。

78.【答案】 A

【解析】负责基金销售业务的管理人员需取得基金从业资格。证券公司总部及营业网点，商业银行总行、各级分行及营业网点，专业基金销售机构、证券投资咨询机构总部及营业网点从事基金宣传推介、基金理财业务咨询等活动的人员应取得基金销售业务资格。

79.【答案】 A

【解析】基金销售人员需根据投资者的目标和风险承受能力推荐基金品种，并客观介绍基金的风险收益特征，明确提示投资者注意投资基金的风险。

80. 【答案】　A

【解析】使用"净值归一"等误导基金投资人的表述，使用"坐享财富增长""安心享受成长""尽享牛市"等易使基金投资人忽视风险的表述，预测基金的证券投资业绩全部属于基金宣传推介材料的禁止性规定。

81. 【答案】　B

【解析】基金宣传推介材料可登载该基金、基金管理人管理的其他基金的过往业绩，但基金合同生效不足6个月的除外。

82. 【答案】　D

【解析】对于交易型开放式指数基金（ETF）、上市开放式基金（LOF）、分级基金、指数基金、短期理财产品基金等股票基金、混合基金以其他类别基金，基金管理人可参照相关标准在基金合同、招募说明书中约定赎回费的收取标准和计入基金财产的比例。

83. 【答案】　B

【解析】基金销售机构在基金销售活动中，不得出现以下行为：①在签订销售协议或销售基金的活动中进行商业贿赂；②以排挤竞争对手为目的，压低基金的收费水平；③未经公告擅自变更向基金投资人的收费项目或收费标准，或通过先收后返、财务处理等方式变相降低收费标准；④采取抽奖、回扣或者送实物、保险、基金份额等方式销售基金；⑤其他违反法律、行政法规的规定，扰乱行业竞争秩序的行为。

84. 【答案】　C

【解析】基金销售机构在实施基金销售适用性的过程中应当遵循如下原则：①投资人利益优先原则；②全面性原则；③客观性原则；④及时性原则。

85. 【答案】　B

【解析】对基金产品的风险评价，可由基金销售机构的特定部门完成，也可由第三方的基金评级与评价机构提供。由基金评级和评价机构提供基金产品风险评价服务的，基金销售机构应当要求服务方提供基金产品风险评价方法及其说明，基金产品风险评价结果需作为基金销售机构向基金投资人推介基金产品的重要依据。

86. 【答案】　A

【解析】基金管理人变更基金份额登记机构的，应当在变更前将变更方案报中国证监会备案。

87. 【答案】　B

【解析】基金售后服务主要包括：①提醒客户及时核对交易确认；②向客户介绍客户服务、信息查询等的办法和路径；③定期提供产品净值信息；④基金公司、基金产品发生变化时及时通知客户。

88. 【答案】　B

【解析】数据的保存——应逐日备份并异地妥善存放，对系统运行数据中涉及基金投资人信息和交易记录的备份在不可修改的介质上至少保存15年。

89. 【答案】　C

【解析】专人服务是为投资额较大的个人投资者与机构投资者提供的最具个性化的服

务。基金销售者通常为其安排较为固定的投资顾问，从基金销售开始就"一对一"服务，并贯穿售前、售中以及售后全过程。

90. 【答案】 A

【解析】管理人召集基金份额持有人大会的，应至少提前30日公告大会的召开时间、会议形式、审议事项、议事程序和表决方式等事项。

91. 【答案】 A

【解析】内部控制的有效性是指内部控制必须讲求效率和效果，所有的控制制度必须得到贯彻执行。该公司的新股申购制度在法规变化后未及时更新。故而，该公司在内部控制方面违背了有效性原则。

92. 【答案】 D

【解析】内部控制的五原则包括：①健全性原则；②有效性原则；③独立性原则；④相互制约原则；⑤成本效益原则。

93. 【答案】 C

【解析】在监督内部控制上，不得重程序监督、不注重对"内部人"监督的偏向。具体监督措施有：①加强对基金管理人的内部控制监督，建立基金管理人重大决策集体审批等制度，以杜绝业务管理层负责人独断专行；②加强对基金管理人部门管理的控制监督，建立部门之间相互牵制的制度，以杜绝部门权力过大或集体徇私舞弊；③加强对关键岗位管理人员的控制监督，建立关键岗位轮岗和定期稽查制度，以杜绝基金管理人中层经理人员以权谋私或串通作案，从而建立健全企业内部控制监督机制。

94. 【答案】 D

【解析】公司应当建立科学、严格的岗位分离制度，明确划分各岗位职责，投资和交易、交易和清算、基金会计和公司会计等重要岗位不能有人员的重叠，重要业务部门和岗位应当进行物理隔离。

95. 【答案】 B

【解析】经营理念属于控制环境的内容，控制环境属于内部控制的基本要素之一，不属于内部控制制度的组成部分。

96. 【答案】 A

【解析】基金销售机构应建立信息技术内部控制制度，通过严格的授权制度、岗位责任制度、门禁制度、内外网分离制度等管理措施，保证系统安全运行。

97. 【答案】 D

【解析】基金管理公司对所管理的基金应以基金为会计核算主体，独立建账、独立核算，保证不同基金之间在名册登记、账户设置、资金划拨、账簿记录等方面相互独立。各基金会计核算应独立于公司会计核算。

98. 【答案】 A

【解析】合规管理的基本原则包括：①独立性原则；②客观性原则；③公正性原则；④专业性原则；⑤协调性原则。

99. 【答案】 D

【解析】当董事或经理人员执行业务违反法律法规、公司章程以及从事登记营业范围之外的业务时，监事有权通知他们停止其行为。

100.【答案】 D

【解析】D项，基金管理人可设总经理一人，副总经理若干人。公司章程应当明确规定总经理和副总经理等人员的提名、任免程序、权利义务、任期等内容。

全国基金从业人员执业资格考试热题库

《基金法律法规、职业道德与业务规范》模拟试卷（二）

单项选择题（共100题，每小题1分，共100分。下列选项中只有一项最符合题目要求。不选、错选均不得分）

1. 以下哪一种不是金融交易的组织方式（   ）
   A. 自由交易方式　　　　　　　　B. 柜台交易方式
   C. 交易所交易方式　　　　　　　D. 电信网络交易方式
2. 基金资产估值是指通过对基金所拥有的（   ）按一定的原则和方法进行重新估算，进而确定基金资产公允价值的过程。
   A. 净资产　　　　　　　　　　　B. 负债
   C. 全部资产　　　　　　　　　　D. 全部资产及所有负债
3. 基金运作的主要当事人不包括（   ）。
   A. 基金监管者　　B. 基金管理人　　C. 基金托管人　　D. 基金投资者
4. 另类投资基金不得投资于（   ）。
   A. 房地产　　　　B. 债券　　　　　C. 证券化资产　　D. 大宗商品
5. 证券投资基金是指通过发售基金份额、集中投资者的资金形成（   ），由基金管理人管理、基金托管人托管，以投资组合的方式进行证券投资的一种利益共享、风险共担的集合投资方式。
   A. 发行人的财产　B. 托管人的财产　C. 独立的财产　　D. 管理人的财产
6. 证券投资基金的主要投资方向是（   ）。
   A. 信贷　　　　　　　　　　　　B. 上市公司的投资项目
   C. 实业　　　　　　　　　　　　D. 有价证券
7. 基金的后台管理运作不包括（   ）。
   A. 基金份额的销售　　　　　　　B. 基金会计核算和信息披露
   C. 基金资产的估值　　　　　　　D. 基金份额的注册登记
8. 关于证券投资基金份额持有人的权利，以下表述正确的是（   ）。
   A. 管理基金资产　　　　　　　　B. 查阅全部基金投资资料
   C. 托管基金财产　　　　　　　　D. 转让其持有的基金份额
9. 证券投资基金合同当事人不包括（   ）。
   A. 基金销售机构　B. 基金管理人　　C. 基金投资人　　D. 基金托管人
10. 关于公司型基金的说法，错误的是（   ）。
    A. 基金不具有独立法人地位
    B. 基金股东大会是基金的最高权力机构

C. 基金本身是一个具有独立法人地位的公司
D. 基金公司章程是基金设立和营运的基本法律文件

11. 以下关于封闭式基金的表述，错误的是（   ）。
    A. 封闭式基金的规模是固定的   B. 由基金公司直销、商业银行代销
    C. 在证券交易所上市交易   D. 通过证券公司进行委托买卖

12. 关于证券投资基金业在金融体系中的地位与作用，以下表述错误的是（   ）。
    A. 优化金融结构，促进经济增长   B. 有利于证券市场的稳定和健康发展
    C. 稳定上市公司的股价   D. 为中小投资者拓宽了投资渠道

13. （   ）是指由整体政治、经济、社会等环境因素对证券价格所造成的风险。
    A. 主动操作风险   B. 非系统性风险
    C. 系统性风险   D. 可分散风险

14. 下列不属于按投资市场分类的股票基金是（   ）。
    A. 国内股票基金   B. 国外股票基金
    C. 成长型股票基金   D. 全球股票基金

15. 以下不属于债券根据发行人不同的分类标准分类的是（   ）。
    A. 政府债券   B. 企业债券   C. 金融债券   D. 可转换债券

16. 下列关于ETF的说法不正确的是（   ）。
    A. ETF不如传统指数基金纯粹
    B. ETF实行一级市场与二级市场并存的交易制度
    C. 只有资金达到一定规模的投资者才能参与ETF一级市场的实物申购、赎回
    D. 与传统指数基金相比，ETF的复制效果更好，成本更低，买卖更为方便

17. 下列说法错误的是（   ）。
    A. LOF的申购、赎回是基金份额与现金的对价
    B. ETF的申购、赎回通过交易所进行
    C. ETF在申购、赎回上没有特别要求
    D. ETF通常采用完全被动式管理方法，以拟合某一指数为目标

18. 将某分级基金定为"债券型分级基金"时，该基金不可能是（   ）。
    A. 被动型分级基金   B. 主动型分级基金
    C. 封闭型分级基金   D. 混合型分级基金

19. 政府基金监管机构对所有的基金机构及其从业人员乃至基金行业自律组织有权监管，体现了政府监管的（   ）特征。
    A. 强制性   B. 广泛性   C. 连续性   D. 法定性

20. 基金监管工作的首要目标是（   ）。
    A. 保护投资人的利益   B. 保证市场的公平、效率和透明
    C. 降低系统风险   D. 推动基金业的发展

21. 中国证券投资基金业协会会员分为（   ）三类。
    A. 企业会员、联席会员、特别会员   B. 普通会员、联席会员、企业会员
    C. 普通会员、联席会员、特别会员   D. 普通会员、企业会员、特别会员

22. 基金托管人的工作不包括（　　）。
    A. 安全保管基金财产　　　　　　　B. 编制中期和年度基金报告
    C. 按规定召集持有人大会　　　　　D. 复核基金资产净值

23. 申请开展基金销售业务资格的机构，其技术系统应与（　　）的系统进行联网测试。
    A. 中国证券登记结算公司　　　　　B. 中国人民银行清算中心
    C. 商业银行电子银行部　　　　　　D. 第三方支付公司

24. 我国的基金管理费、基金托管费及基金销售服务费均按（　　）的一定比例逐日计提，按月支付。
    A. 当月基金资产平均净值　　　　　B. 当日基金资产净值
    C. 上月基金资产平均净值　　　　　D. 前一日基金资产净值

25. 更换基金管理人或者基金托管人，应当经参加基金份额持有人大会的基金份额持有人所持表决权的（　　）以上通过。
    A. 1/4　　　　B. 1/3　　　　C. 1/2　　　　D. 2/3

26. 关于非公开募集基金，以下描述错误的是（　　）。
    A. 可采用讲座、报告会方式向公众宣传推介
    B. 应当向合格投资者募集
    C. 合格投资者累计不得超过二百人
    D. 应当制定签订基金合同

27. 下面关于道德的差异性，说法错误的是（　　）。
    A. 社会道德规范包括基本道德规范和一系列特定道德规范
    B. 社会经济基础和社会关系的不同决定了道德的差异性
    C. 不同的社会条件下有着不同的社会价值观念
    D. 不同的社会有完全不同的道德

28. 下列不是职业道德作用的是（　　）。
    A. 调整职业关系　　　　　　　　　B. 提高职业能力
    C. 提升职业素质　　　　　　　　　D. 促进行业发展

29. 基金从业人员在宣传、推介和销售基金产品时，应当客观、全面、准确地向投资者推介基金产品，下列符合基金销售人员行为规范的是（　　）。
    A. 提供基金未公开的信息　　　　　B. 揭示投资风险
    C. 承诺或约定利益分成或亏损分担　D. 预测所推介基金的未来业绩

30. 某基金从业人员在向客户宣传推荐基金产品时，向投资者承诺投资该基金可以保证年化收益率不低于5%。这个宣传违反了（　　）原则。
    A. 客户至上　　B. 诚实守信　　C. 守法合规　　D. 专业审慎

31. 基金经理在与客户交谈时，提及竞争对手及其基金产品，多次提及对方的收益率低，服务不如自己的好。他的做法违反了（　　）原则。
    A. 不得进行内幕交易　　　　　　　B. 不得操纵市场
    C. 不得欺诈客户　　　　　　　　　D. 不得进行不正当竞争

32. 关于基金从业人员保守秘密职业道德要求，以下理解错误的是（　　）。
    A. 举报他人违法违规行为与保密要求不冲突
    B. 原单位的保密制度对于已离职人员不再具有约束
    C. 保守秘密是基金从业人员的一项法定义务
    D. 从业人员不得泄露在执业活动中所获知的内幕

33. 岗前职业道德教育的主要途径是（　　）。
    A. 职业资格考试　　　　　　　　B. 职前培训
    C. 岗位基金职业道德教育　　　　D. 职业道德观念教育

34. 如果基金募集期限届满后，基金合同不能生效，基金管理人要在（　　）日内返还投资者已缴纳的款项，并加计银行同期存款利息。
    A. 7　　　　B. 10　　　　C. 15　　　　D. 30

35. 买入200份封闭式基金份额，买入价格1.50元/份，交易佣金0.25%，按沪、深交易新公布的收费标准，该交易佣金应为（　　）。
    A. 0元　　　B. 5元　　　C. 0.75元　　　D. 10元

36. 开放式基金出现巨额赎回时，基金管理人不应采取的措施是（　　）。
    A. 立即暂停赎回
    B. 部分延期赎回
    C. 接受全额赎回
    D. 连续2个开放日以上发生巨额赎回，延期支付赎回金额

37. 基金管理人自受理基金份额持有人有效赎回申请之日起，可以将赎回款项划出的时间不包括第（　　）个工作日。
    A. 2　　　　B. 7　　　　C. 3　　　　D. 9

38. 对一般基金而言，基金管理人应当自受理基金投资者有效赎回申请之日起（　　）个工作日内支付赎回款项。
    A. 15　　　B. 10　　　C. 7　　　　D. 9

39. 下列关于开放式基金巨额赎回的描述错误的是（　　）。
    A. 被延期的赎回请求，在下一开放日办理，并享有优先赎回权
    B. 出现巨额赎回时，至少需要接受额度占基金总份额10%的赎回请求
    C. 连续2个开放日以上出现巨额赎回，如基金管理人认为有必要，可暂停接受赎回请求
    D. 对于超过基金总份额10%的部分赎回请求，可以延期赎回

40. ETF的场内申购对价不包括（　　）。
    A. 现金替代　　B. 现金差额　　C. 组合证券　　D. 组合外证券

41. 开放式基金注册登记业务主要内容是对基金份额持有人的（　　）进行确认登记。
    A. 持有基金份额及其变动情况　　　　B. 持有基金金额
    C. 申购基金行为　　　　　　　　　　D. 申购基金金额

42. 以下有关开放式基金注册登记的说法正确的是（　　）。
    A. 开放式基金的登记业务，只能由基金管理人办理

B. 开放式基金的登记业务，可以由基金管理人办理，也可以委托中国证监会认定的其他机构办理

C. 开放式基金的登记业务只能委托中国证监会认定的其他机构办理

D. 以上选项均错误

43. 在证券市场交易中，（　　）是市场存在的基础。
   A. 投资需求　　　B. 信息不对称　　　C. 投机需求　　　D. 风险管理

44. 下列属于基金信息披露的自律规则的是（　　）。
   A.《证券投资基金法》
   B.《证券投资基金信息披露内容与格式准则》
   C.《证券投资基金信息披露管理办法》
   D.《证券交易所业务规则》

45. 开放式基金的开放期，基金管理人应披露基金每个开放日的（　　）。
   A. 基金资产净值和基金累计份额净值
   B. 基金资产净值和基金份额净值
   C. 基金资产总值和基金资产净值
   D. 基金份额净值和基金累计份额净值

46. 基金季度、半年度、年度报告在披露的第（　　）个工作日，应分别报中国证监会及地方监管局、基金上市的证券交易所备案。
   A. 2　　　　　　B. 3　　　　　　C. 1　　　　　　D. 7

47. 作为基金份额持有人的信息披露义务主要体现在（　　）的披露义务。
   A. 基金份额持有人大会信息　　　B. 基金份额变化信息
   C. 基金份额持有信息　　　　　　D. 基金运作、托管监督报告

48. 当影子定价与摊余成本法确定的基金资产净值偏离度的绝对值达到或者超过0.5%时，基金管理人将在事件发生之日起2日内就此事项进行（　　）。
   A. 季度报告　　　B. 年度报告　　　C. 半年度报告　　　D. 临时报告

49. 季度报告的投资组合报告需要披露季末基金资产组合的（　　）信息。
   A. 全部债券明细　　　　　　B. 前十名股票明细
   C. 前十名债券明细　　　　　D. 全部股票明细

50. 目前，披露上市交易公告书的基金品种不包括（　　）。
   A. LOF　　　　　B. 封闭式基金　　　C. 货币市场基金　　　D. ETF

51. 下列不属于基金份额持有人权利的是（　　）。
   A. 分享基金投资收益
   B. 查阅基金财产管理业务活动的公开披露资料
   C. 确定基金收益分配方案
   D. 按规定要求召开基金份额持有人大会

52. 在确定目标市场与客户上，基金销售机构面临的一个重要问题就是分析（　　）。
   A. 基金投资人的真实需求　　　　B. 基金管理人的需求
   C. 基金份额持有人的个人爱好　　D. 基金托管人的需求

53. 基金销售机构的职责规范包括（　　）。
    A. 委托基金管理人开立基金销售结算专用账户
    B. 基金募集申请注册前向公众分发基金宣传推介材料
    C. 书面协议委托其他机构代为办理基金业务
    D. 对基金客户进行身份识别

54. 销售机构在销售基金和相关产品的过程中，应当把（　　）的产品卖给风险承受能力低的基金投资人。
    A. 中高风险　　　B. 中等风险　　　C. 低风险　　　D. 高风险

55. 对通过中国基金业协会资质考核并获得基金销售资格的基金销售人员，基金销售机构不需要为其统一办理（　　）。
    A. 后续培训　　　B. 执业注册　　　C. 从业证书　　　D. 执业年检

56. 基金宣传推介材料的报送备案的内容不包括（　　）。
    A. 材料报送人的身份证复印件及户籍资料
    B. 基金宣传推介材料的形式和用途说明
    C. 基金管理公司督察长出具的合规意见书
    D. 基金宣传推介材料

57. 以下关于基金销售费用的说法，正确的是（　　）。
    A. 应在招募说明书中载明费率标准
    B. 代销机构可以向投资人收取基金合同未约定的手续费用
    C. 基金的申购费必须在申购时收取
    D. 对持续持有期少于30日的投资人收取赎回费的，在扣除手续费后，余额可归入风险准备金

58. 在开发机构大客户时，有违基金销售机构人员行为规范的是（　　）。
    A. 承诺基金经理定期不定期与其保持密切联系
    B. 承诺通过财务处理降低收费标准
    C. 承诺及时地将公开的信息与其沟通
    D. 承诺定期提供详尽的投资策略报告

59. 下列不属于基金销售机构在实施基金销售适应性的过程中应当遵循的原则是（　　）。
    A. 投资人利益优先原则　　　B. 全面性原则
    C. 主观性原则　　　　　　　D. 及时性原则

60. 以下不属于基金客户服务特点的是（　　）。
    A. 时效性　　　B. 客观性　　　C. 专业性　　　D. 持续性

61. 基金销售机构通过电视、电台、报刊等媒体定期或不定期向投资者传达专业信息与传输正确的投资理念是客户服务方式中的（　　）。
    A. 讲座、推介会和座谈会　　　B. 媒体和宣传手册的应用
    C. 互联网应用　　　　　　　　D. "一对一"专人服务

62. 基金管理人面临的风险有外部风险和内部风险。下列不属于外部风险的是（　　）。

A. 法律法规、监管部门规章、交易所规则等合规风险
B. 宏观经济周期导致的整体行业风险
C. 火山地震等地质条件导致的风险
D. 机房环境、温度、防火防水等不当操作的风险

63. 基金管理人内部控制应履行的原则不包括（   ）。
    A. 适用性原则   B. 独立性原则   C. 有效性原则   D. 相互制约原则

64. 基金管理人内部控制机制建设应当加强的方面，不包括（   ）。
    A. 建立内部控制制度   B. 设置内部控制机构
    C. 营造内部控制环境   D. 执行内部控制制度

65. 基金管理公司内部控制制度中明确内控目标、内控原则、控制环境、内控措施等内容的文件是（   ）。
    A. 基本管理制度   B. 部门业务规章
    C. 内部控制大纲   D. 内部风险控制制度

66. 投资管理业务控制的主要内容不包括（   ）。
    A. 研究业务控制   B. 投资决策业务控制
    C. 基金交易业务控制   D. 信息披露控制

67. 督察长发现基金和公司运作中有违法违规行为的，应当及时予以制止，重大问题应当报告（   ）。
    A. 证券业协会   B. 董事会
    C. 基金业协会   D. 中国证监会及相关派出机构

68. 基金管理人的高级管理层负责制定书面的合规政策，应报经（   ）审议批准后传达给全体员工。
    A. 股东大会   B. 合规与风险管理委员会
    C. 董事会   D. 合规管理部门

69. 以下不属于合规风险的是（   ）。
    A. 投资合规风险   B. 销售合规风险
    C. 市场波动风险   D. 反洗钱风险

70. 下列不能形成有效的反洗钱合规性风险管理措施的是（   ）。
    A. 建立规模导向的反洗钱制度 B. 对资金支付进行监控
    C. 从严监控客户核心资料信息修改 D. 制定严格有效的开户流程

71. 下列关于常用的寻找潜在客户的方法，说法正确的是（   ）。
    A. 采用陌生拜访法的不足之处在于营销人员无法逐步建立属于自己的营销网络
    B. 缘故法是通过现有客户介绍新客户，主要针对间接客户型群体
    C. 介绍法利用营销人员个人的生活与工作经历所建立的人际关系进行客户开发
    D. 缘故法是利用营销人员个人的生活与工作经历所建立的人际关系进行客户开发

72. 下列基金销售机构中，（   ）属于基金直销机构。
    A. 基金公司   B. 证券公司   C. 商业银行   D. 保险机构

73. 申请开立基金销售业务的机构应制定（   ）。

A. 基金资产委托管理制度 B. 反洗钱内部控制制度
C. 资金投资管理规定 D. 基金投资风险管理制度

74. 关于基金募集的相关描述，错误的是（ ）。
   A. 基金募集申请获得中国证监会核准前，基金管理人、基金销售机构不得办理基金的销售业务
   B. 基金募集申请获得中国证监会核准前，不得向公众发售基金份额
   C. 基金募集申请获得中国证监会核准后，可以向公众公布基金宣传推介材料
   D. 基金募集申请获得中国证监会核准前，可以向公众分发、公布基金宣传推介材料

75. 基金市场营销的特殊性体现在（ ）。
   A. 全面性 B. 适用性 C. 稳定性 D. 安全性

76. 以下不属于我国证券投资基金销售渠道的是（ ）。
   A. 保险公司 B. 基金管理公司直销中心
   C. 证券公司 D. 商业银行

77. 下列不属于促销策略的是（ ）。
   A. 派发各种宣传资料 B. 设计费用优惠政策
   C. 费率打折 D. 基金产品推介会

78. 基金销售人员禁止性规范包括（ ）。
   Ⅰ. 不得进行虚假或误导性陈述，或者出现重大遗漏
   Ⅱ. 在陈述所推介基金时，应当客观、全面、准确
   Ⅲ. 可以预测所推介基金的未来业绩
   Ⅳ. 不得以个人名义接受投资者的款项
   A. Ⅰ、Ⅱ、Ⅲ B. Ⅰ、Ⅱ、Ⅳ C. Ⅱ、Ⅲ、Ⅳ D. Ⅰ、Ⅱ、Ⅲ、Ⅳ

79. 下列属于基金宣传推介材料的是（ ）。
   A. 公开出版资料 B. 电视、电影、广播资料
   C. 海报、户外广告 D. 以上全部都是

80. 下列关于宣传推介材料审批报备流程的表述，不正确的是（ ）。
   A. 书面报告报送基金管理公司或基金代销机构主要办公场所所在地证监局
   B. 基金管理公司应当在公布基金宣传推介材料之日起3个工作日内递交报告材料
   C. 报证监局时应随附电子文档
   D. 负责基金营销业务的高级管理人员应对基金宣传推介材料的合规性进行复核并出具复核意见

81. 基金宣传推介材料登载过往业绩，基金合同生效10年以上的，应当登载最近（ ）个完整会计年度的业绩。
   A. 5 B. 3 C. 8 D. 10

82. 不收取销售服务费的，对持有持续期长于6个月的投资人，应当将不低于赎回费总额的（ ）计入基金财产。
   A. 5% B. 10% C. 15% D. 25%

83. 基金销售机构人员在销售基金时，不正确的行为是（　　）。
    A. 募集期间对认购费打折
    B. 根据投资者的风险偏好，推荐适合其投资的基金产品
    C. 进行基金投资人风险承受能力调查
    D. 介绍投资人想要了解的基金产品情况

84. 当基金销售机构或基金销售人员的利益与基金投资人的利益发生冲突时，应当优先保障（　　）的合法利益。
    A. 基金公司　　B. 基金投资人　　C. 基金托管人　　D. 基金管理人员

85. 根据基金销售适用性要求，开展审慎调查应当优先根据（　　）。
    A. 被调查方公开披露的信息　　　　B. 被调查方的内部调研报告
    C. 专业机构的研究推荐　　　　　　D. 被调查方的市场影响力

86. 基金公司应当按照技术规范在（　　）个月内对新增账户实施开户资料电子化。
    A. 12　　　　B. 15　　　　C. 18　　　　D. 20

87. 下列关于基金销售机构中渠道信息管理的表述，不正确的是（　　）。
    A. 基金销售机构应妥善保管基金份额持有人的开户资料
    B. 基金销售机构所使用的基金产品风险评价方法及其说明应当向基金投资人公开
    C. 基金管理人变更基金份额登记机构的，应在变更前将变更方案报中国人民银行备案
    D. 基金销售机构应当建立完善的基金份额持有人资金的存取程序和授权审批制度

88. 基金客户个性化服务包括（　　）。
    A. 做好客户的动态分析
    B. 做好客户的参谋
    C. 通过加强客户沟通了解客户深度需求
    D. 以上都是

89. 基金投资者教育活动的内容不包括（　　）。
    A. 投资者维权　　B. 风险提示　　C. 投资咨询　　D. 风险教育

90. 下列不属于风险应对措施的是（　　）。
    A. 风险评估　　B. 风险接受　　C. 风险回避　　D. 风险共担

91. 基金管理人的内部控制要求部门设置体现（　　）的原则。
    A. 把安全性放在首位　　　　B. 利润最大化
    C. 权责明确、相互制约　　　D. 相互促进、共同发展

92. 根据内部控制的独立性原则，岗位职责主要解决的是不相容职务的分离，以下不需要进行岗位分离的是（　　）。
    A. 保管岗位与记账岗位　　B. 授权岗位与执行岗位
    C. 执行岗位与审核岗位　　D. 咨询岗位与审核岗位

93. 岗前职业道德教育主要是通过（　　）来督促完成的。
    A. 职业资格考试　　　　　　　　B. 在职培训
    C. 职业道德检查和奖惩机构　　　D. 基金从业人员职业道德档案

94. 中国证监会将基金产品注册程序分为简易程序和普通程序，其中（　　）暂不实行简易程序。
   A. 分级基金　　　B. 混合基金　　　C. 常规股票基金　　　D. 理财基金

95. 以下各类基金中（　　）不适用于简易程序注册。
   A. 分级基金　　　B. 债券基金　　　C. 股票基金　　　D. 货币基金

96. 我国分级基金的募集包括（　　）两种方式。
   A. 场内募集、场外募集　　　B. 直销募集、分销募集
   C. 现金募集、非现金募集　　　D. 合并募集、分开募集

97. 以下关于封闭式基金的陈述，错误的是（　　）。
   A. 价格与净值同比例下降时，折价率也下降
   B. 折价率反映了基金份额净值与二级市场价格之间的关系
   C. 市场价格低于份额净值时，为折价交易
   D. 市场价格高于份额净值时，为溢价交易

98. 《证券投资基金运作管理办法》规定，开放式基金单个开放日的基金净赎回申请超过基金总份额的（　　）时，为巨额赎回。
   A. 0%　　　B. 5%　　　C. 10%　　　D. 20%

99. 根据目前我国基金注册登记业务的通常做法，投资人T日申购基金成功后，基金注册登记人在（　　）日为投资人登记权益。
   A. T+2　　　B. T+5　　　C. T+3　　　D. T+1

100. 开放式基金份额的登记，是指（　　）通过设立和维护基金份额持有人名册，确认基金份额持有人持有基金份额的事实的行为。
   A. 证券交易所　　　B. 基金管理公司　　　C. 基金托管公司　　　D. 注册登记机构

模拟试卷（二）参考答案及解析

1. 【答案】　A
【解析】金融交易的组织方式是指组织金融工具交易时采取的方式。受市场本身的发育程度、交易技术的发达程度以及交易双方的交易意愿影响，金融交易主要包括如下三种组织方式：①有固定场所的组织、有制度、集中进行交易的方式，如交易所交易方式；②在各金融机构柜台上买卖双方进行面议的、分散交易的方式，如柜台交易方式；③电信网络交易方式，就是没有固定场所，交易双方也不直接接触，主要通过电子通信或互联网络技术手段来完成交易的方式。

2. 【答案】　D
【解析】基金资产估值是指通过对基金所拥有的全部资产及所有负债按一定的原则和方法进行重新估算，进而确定基金资产公允价值的过程。基金资产总值是指基金全部资产的价值总和。从基金资产中扣除基金所有负债即是基金资产净值。基金资产净值除以基金当前的总份额，即为基金份额净值。

3. 【答案】　A
【解析】投资基金主要当事人包括基金投资者、基金管理人和托管人。

4.【答案】 B

【解析】另类投资基金,是指投资于传统的股票、债券之外的金融和实物资产的基金,如房地产、证券化资产、对冲基金、大宗商品、黄金、艺术品等。

5.【答案】 C

【解析】证券投资基金是指通过发售基金份额,将众多不特定投资者的资金集中起来,形成独立财产,委托基金管理人进行投资管理,基金托管人进行财产托管,由基金投资人共享投资收益,共担投资风险的集合投资方式。

6.【答案】 D

【解析】股票和债券是直接投资工具,筹集的资金主要投向实业领域;基金是一种间接投资工具,所筹集的资金主要投向有价证券等金融工具或产品。

7.【答案】 A

【解析】基金的市场营销主要涉及基金份额的募集和客户服务,基金的投资管理体现了基金管理人的服务价值,而基金份额的注册登记、基金资产的估值、会计核算、信息披露等后台管理服务则对保障基金的安全运作具有重要的作用。

8.【答案】 D

【解析】按照《证券投资基金法》的规定,我国基金份额持有人享有以下权利:①分享基金财产收益;②参与分配清算后的剩余基金财产;③依法转让或者申请赎回其持有的基金份额;④按照规定要求召开基金份额持有人大会;⑤对基金份额持有人大会审议事项行使表决权;⑥查阅或者复制公开披露的基金信息资料;⑦对基金管理人、基金托管人、基金销售机构损害其合法权益的行为依法提出诉讼;⑧基金合同约定其他权利。

9.【答案】 A

【解析】我国的证券投资基金依据基金合同设立,基金份额持有人、基金管理人与基金托管人是基金合同的当事人,简称基金当事人。

10.【答案】 A

【解析】公司型基金在法律上是具有独立法人地位的股份投资公司。公司型基金根据基金公司章程设立,基金投资者是基金公司的股东,享有股东权,按照所持有的股份承担有限责任,分享投资收益。

11.【答案】 B

【解析】封闭式基金份额是固定的,在完成募集后,基金份额在证券交易所上市交易。投资者买卖封闭式基金份额,只能委托证券公司在证券交易所按市价买卖,交易在投资者与基金管理人之间完成。

12.【答案】 C

【解析】证券投资基金业在金融体系中的地位与作用包括:①为中小投资者拓宽了投资渠道;②优化金融结构,促进经济增长;③有利于证券市场的稳定和健康发展;④完善金融体系和社会保障体系。

13.【答案】 C

【解析】系统性风险也叫做市场风险,是指由整体政治、经济、社会等环境因素对证券价格所造成的影响。

14. 【答案】 C

【解析】按投资市场分类，股票基金可分为：国内股票基金、国外股票基金及全球股票基金。

15. 【答案】 D

【解析】根据债券发行者，可将债券分为政府债券、企业债券、金融债券等。根据债券到期日，可将债券分为短期债券、长期债券等。根据债券信用等级，可将债券分为低等级债券、高等级债券等。

16. 【答案】 A

【解析】ETF 不但具有传统指数基金的全部特色，而且是更为纯粹的指数基金。

17. 【答案】 C

【解析】只有资金在一定规模以上的投资者（基金份额通常要求在 50 万份以上）才能参与 ETF 的申购、赎回交易，LOF 在申购、赎回上没有特别要求。

18. 【答案】 D

【解析】分级基金主要包括七种分类：①按运作方式的不同，可将分级基金分为封闭式分级基金与开放式分级基金；②按投资对象的不同，可将分级基金分为股票型分级基金、债券型分级基金、QDII 分级基金等；③按投资风格的不同，可将分级基金分为主动投资型分级基金与被动投资（指数化）型分级基金；④按募集方式的不同，可将分级基金分为合并募集和分开募集两种类型；⑤根据子份额之间收益分配规则的不同，可将分级基金分为简单融资型分级基金与复杂型分级基金；⑥按是否存在母基金份额，可将分级基金分为存在母基金份额的分级基金和不存在母基金份额的分级基金；⑦按是否具有折算条款，可将分级基金分为具有折算条款的分级基金和不具有折算条款的分级基金。

19. 【答案】 B

【解析】政府基金监管与基金行业自律、基金机构内控以及社会力量监督相比具有以下特征：①监管内容具有全面性；②监管对象具有广泛性；③监管时间具有连续性；④监管主体及其权限具有法定性；⑤监管活动具有强制性。

20. 【答案】 A

【解析】基金监管目标有：①保护投资人及相关当事人的合法权益；②规范证券投资基金活动；③促进证券投资基金和资本市场的健康发展。其中，基金监管的首要目标是保护投资人利益。

21. 【答案】 C

【解析】中国证券投资基金业协会是证券投资基金行业的自律性组织，会员分为三类：普通会员、联席会员、特别会员。

22. 【答案】 B

【解析】B 项属于基金管理人的职责。

23. 【答案】 A

【解析】商业银行、证券公司、期货公司、保险机构、证券投资咨询机构、独立基金销售机构以及中国证监会认定的其他机构申请注册基金销售业务资格，应当具备的条件之一是，有安全、高效的办理基金发售、申购和赎回等业务的技术设施，且符合中国证监会对基金销售业务信息管理平台的有关要求，基金销售业务的技术系统已与基金管理人、中国证券登记结算公司相应的技术系统进行了联网测试，测试结果符合国家规定的标准。

24.【答案】　D

【解析】当前，我国基金的管理费、托管费、销售服务费按前一日基金资产净值的一定比例逐日计提，按月支付。

25.【答案】　D

【解析】基金份额持有人大会就审议事项作出决定，应当经参加大会的基金份额持有人所持表决权的 1/2 以上通过；但是，转换基金的运作方式、更换基金管理人或者基金托管人、提前终止基金合同、与其他基金合并，应当经参加大会的基金份额持有人所持表决权的 2/3 以上通过。

26.【答案】　A

【解析】非公开募集基金，不得向合格投资者之外的单位及个人募集资金，不得通过报刊、电台、电视台、互联网等公众传播媒体或者讲座、报告会、分析会和布告、传单、手机短信、微信、博客和电子邮件等方式向不特定对象宣传推介。

27.【答案】　D

【解析】不同的社会有不同的道德。道德是由一定的社会经济基础决定的，是一定社会关系的反映。不同的社会条件下具有不同的社会价值观念和道德标准，以及与其相适应的道德规范体系。这并不排除不同社会的道德之间存在某些共性的可能。

28.【答案】　B

【解析】职业道德具有引导、规范、评价及教化的功能，可以发挥调整职业关系、提升职业素质、促进行业发展的作用。

29.【答案】　B

【解析】基金从业人员在宣传、推介及销售基金产品时，必须客观、全面、准确地向投资者推介基金产品、揭示投资风险。

30.【答案】　B

【解析】诚实守信的准则要求从业人员不得片面夸大过往业绩，不得违规向投资人做出投资不受损失或保证最低收益的承诺。

31.【答案】　D

【解析】合法竞争是正当竞争的基础。基金从业人员应尊重竞争对手，不诋毁、贬低或负面评价同业从业人员及其产品或服务。该经理的行为违反了不得进行不正当竞争这一原则。

32.【答案】　B

【解析】基金从业人员必须妥善保管并严格保守客户秘密，非经许可不得泄露客户资料和交易信息。且无论是在任职期间还是离职后，都不得泄露任何客户资料和交易信息。

33.【答案】　A

【解析】岗前职业道德教育主要通过职业资格考试来督促完成。

34.【答案】　D

【解析】基金募集期限届满，基金不满足有关募集要求的，基金合同不能生效，基金管理人应承担以下责任：①以固有财产承担因募集行为而产生的债务和费用；②在基金募集期限届满后30日内返还投资者已缴纳的款项，并加计银行同期存款利息。

35.【答案】 B

【解析】按照沪、深证券交易所公布的收费标准，我国基金交易佣金不能高于成交金额的0.3%（深圳证券交易所特别规定该佣金水平不应低于代收的证券交易监管费和证券交易经手费，上海证券交易所无此规定），起点5元，由证券公司向投资者收取。本题中，200×1.50×0.25%＝0.75元＜5元，因此该交易佣金应为5元。

36.【答案】 A

【解析】出现巨额赎回时，基金管理人可根据基金当时的资产组合状况决定接受全额赎回或部分延期赎回。基金连续2个开放日以上发生巨额赎回，如果基金管理人认为有必要，可暂停接受赎回申请；已经接受的赎回申请可延缓支付赎回款项，但不得超过正常支付时间20个工作日，并应当在至少一种中国证监会指定的信息披露媒体上公告。

37.【答案】 D

【解析】投资者提交赎回申请成交后，基金管理人应通过销售机构按照规定向投资者支付赎回款项。对一般基金而言，基金管理人应自受理基金投资者有效赎回申请之日起7个工作日内支付赎回款项。

38.【答案】 C

【解析】投资者赎回申请成交后，基金管理人可通过销售机构按规定向投资者支付赎回款项。对一般基金而言，基金管理人应当自受理基金投资者有效赎回申请之日起7个工作日内支付赎回款项。

39.【答案】 A

【解析】被延期的赎回请求，在下一开放日办理，不享有优先赎回权。

40.【答案】 D

【解析】场内申购赎回ETF的申购对价和赎回对价包括组合证券、现金替代、现金差额及其他对价。场外申购赎回ETF时，申购对价和赎回对价都是现金。

41.【答案】 A

【解析】开放式基金份额的登记，是指基金注册登记机构通过设立和维护基金份额持有人名册，确定基金份额持有人持有基金份额的事实的行为。基金份额登记过程实际上是基金注册登记机构通过基金注册登记系统对基金投资者所投资基金份额及其变动的确认、记账的过程。

42.【答案】 B

【解析】《中华人民共和国证券投资基金法》规定，开放式基金的登记业务，可由基金管理人办理，也可委托中国证监会认定的其他机构办理。

43.【答案】 B

【解析】在证券市场交易中，信息不对称是市场存在的基础，即便是在互联网时代也是如此，但这一基础也决定了信托关系可能带来道德风险。

44.【答案】 D

【解析】A项属于基金信息披露的国家法律；B项属于基金信息披露的规范性文件；C

项属于基金信息披露的部门规章。

45.【答案】   D

【解析】开放式基金在开始办理申购或赎回前，至少每周公告一次资产净值和份额净值；开放申购赎回后，应于每个开放日的次日披露基金份额净值与份额累计净值。如遇半年末或年末，还应披露半年度和年度最后一个市场交易日的基金资产净值、份额净值和份额累计净值。

46.【答案】   A

【解析】基金季度、半年度、年度报告在披露的第2个工作日，应分别报中国证监会及地方监管局、基金上市的证券交易所备案。

47.【答案】   A

【解析】基金份额持有人的信息披露义务主要体现在和基金份额持有人大会相关的披露义务。

48.【答案】   D

【解析】当影子定价和摊余成本法确定的基金资产净值偏离度的绝对值达到或者超过0.5%时，基金管理人将在事件发生之日起2日内就此事项进行临时报告。

49.【答案】   B

【解析】在季度报告的投资组合报告中，需要披露基金资产组合，按照行业分类的股票投资组合，前十名股票明细，按照券种分类的债券投资组合，前五名债券明细，投资贵金属、股指期货、国债期货等情况，以及投资组合报告附注等内容。

50.【答案】   C

【解析】凡是根据有关法律法规发售基金份额并申请在证券交易所上市交易的基金，基金管理人都应编制并披露基金上市交易公告书。目前，披露上市交易公告书的基金品种主要包括封闭式基金、LOF、ETF以及分级基金子份额。

51.【答案】   C

【解析】基金份额持有人享有下列权利：分享基金财产收益，参与分配清算后的剩余基金财产，依法转让或者申请赎回其持有的基金份额，按照规定要求召开基金投资者大会，对基金投资者大会审议事项行使表决权，查阅或者复制公开披露的基金信息资料，对基金管理人、基金托管人、基金销售机构损害其合法权益的行为依法提起诉讼等。

52.【答案】   A

【解析】在确定目标市场和投资者方面，基金销售机构面临的重要问题之一就是分析投资者的真实需求，包括投资者的投资规模、风险偏好、对投资资金流动性及安全性的要求等。

53.【答案】   D

【解析】基金销售机构为客户开立基金账户时，应按照反洗钱相关法律法规的规定进行客户身份识别，并在此基础上对客户的洗钱风险进行等级划分。

54.【答案】   C

【解析】基金销售机构在销售基金和相关产品时，应按照投资者的风险承受能力销售不同风险等级的产品，注重销售的适用性。坚持投资人利益优先的原则，将合适的产品卖给合适的投资人。风险承受能力低的投资者，投资比较保守，追求资金安全，应为他们提供低风险、稳健的基金产品。

55．【答案】　C

【解析】基金销售机构应该建立科学的聘用、培训、考评、晋升、淘汰等人力资源管理制度，确保基金销售人员具备与岗位要求相适应的职业操守和专业胜任能力。基金销售机构对于通过基金业协会资质考核并获得基金销售资格的基金销售人员，统一办理执业注册、后续培训和执业年检。

56．【答案】　A

【解析】基金宣传推介材料的报送备案的内容包括基金宣传推介材料的形式和用途说明、基金宣传推介材料、基金管理公司督察长出具的合规意见书、基金托管银行出具的基金业绩复核函或基金定期报告中相关内容的复印件，以及有关获奖证明的复印件。基金管理公司或基金代销机构负责基金营销业务的高级管理人员也应当对基金宣传推介材料的合规性进行复核并出具复核意见。

57．【答案】　A

【解析】B项，基金销售机构应按基金合同和招募说明书的约定向投资人收取销售费用，未经招募说明书载明并公告，不得对不同投资人适用不同费率；C项，认购费与申购费可采用在基金份额发售或者申购时收取的前端收费方式，也可采用在赎回时从赎回金额中扣除的后端收费方式；D项，收取销售服务费的，于对持续持有期少于30日的投资人收取不低于0.5%的赎回费，并将上述赎回费全额计入基金财产。

58．【答案】　B

【解析】基金销售机构在基金销售活动中，不得出现以下行为：①在签订销售协议或销售基金的活动中进行商业贿赂；②以排挤竞争对手为目的，压低基金的收费水平；③未经公告擅自变更向基金投资人的收费项目或收费标准，或通过先收后返、财务处理等方式变相降低收费标准；④采取抽奖、回扣或者送实物、保险、基金份额等方式销售基金；⑤其他违反法律、行政法规的规定，扰乱行业竞争秩序的行为。

59．【答案】　C

【解析】基金销售机构在实施基金销售适用性的过程中应当遵循下列原则：投资人利益优先原则、全面性原则、客观性原则、及时性原则。

60．【答案】　B

【解析】基金客户服务是指基金销售机构或人员为解决客户有关问题而提供的系列活动。基金客户服务特点包括：①专业性；②规范性；③持续性；④时效性。

61．【答案】　B

【解析】媒体和宣传手册的应用：基金销售机构可通过电视、电台、报刊等媒体定期或不定期向投资者传达专业信息与传输正确的投资理念。

62．【答案】　D

【解析】风险包括外部风险和内部风险。其中，外部风险主要包括法律法规、经济、社会、文化与自然等方面；内部风险主要来自决策失误、执行不力、操作风险等。

63．【答案】　A

【解析】基金管理人内部控制的五原则有：①健全性原则；②有效性原则；③独立性原则；④相互制约原则；⑤成本效益原则。

64.【答案】 C

【解析】一般来说，基金管理人内部控制机制建设应加强的方面：①在设置内部控制机构上；②在建立内部控制制度上；③在执行内部控制制度上；④在监督内部控制上。

65.【答案】 C

【解析】公司内部控制大纲是对公司章程规定的内控原则的细化及展开，是各项基本管理制度的纲要和总揽，内部控制大纲需明确内控目标、内控原则、控制环境、内控措施等内容。

66.【答案】 D

【解析】基金管理人应当自觉遵守国家有关法律法规，按照投资管理业务的性质及特点严格制定管理规章、操作流程和岗位手册，明确揭示不同业务可能存在的风险点并且采取控制措施。投资管理业务控制包括：①研究业务控制；②投资决策业务控制；③基金交易业务控制。

67.【答案】 D

【解析】督察长负责组织指导公司监察稽核工作，履行职责的范围可涵盖基金及公司运作的所有业务环节。督察长发现基金及公司运作中有违法违规行为的，应当及时予以制止，重大问题应当报告中国证监会及相关派出机构。

68.【答案】 C

【解析】基金管理人的高级管理层负责制定书面的合规政策，并根据合规风险管理状况以及法律、规则和准则的变化情况适时修订合规政策，报经董事会审议批准后传达给全体员工定期评价各项合规政策和执行状况；若发现重大的合规问题，管理层必须立即向董事会汇报。

69.【答案】 C

【解析】合规风险是指因公司及员工违反法律法规、基金合同和公司内部规章制度等导致公司可能遭受法律制裁、监管处罚、重大财务损失和声誉损失的风险。合规风险的主要种类有投资合规性风险、销售合规性风险、信息披露合规性风险和反洗钱合规性风险。

70.【答案】 A

【解析】反洗钱合规性风险管理措施主要包括：①建立风险导向的反洗钱防控体系，合理配置资源。②严格遵守资金清算制度，对现金支付进行控制和监控。③从严监控客户核心资料信息修改、非交易过户和异户资金划转。④建立符合行业特征的客户风险识别和可疑交易分析机制。⑤制定严格有效的开户流程，规范对客户的身份认证和授权资格的认定，对有关客户的身份证明材料予以保存。

71.【答案】 D

【解析】A项，采用陌生拜访法可使营销人员逐步建立属于自己的营销网络；B项，介绍法针对间接客户型群体，是通过现有客户介绍新客户；C项，缘故法针对直接关系型群体，就是利用营销人员个人的生活和工作经历所建立的人际关系进行客户开发。

72.【答案】 A

【解析】直销机构是指直接销售基金的基金公司。基金公司开展直销目前主要包括两种形式，一是专门的销售人员直接开发与维护机构客户和高净值个人客户，二是自行开发建立电子商务平台。

73. 【答案】 B

【解析】申请开立基金销售业务的机构应制定符合法律法规要求的反洗钱内部控制制度。

74. 【答案】 D

【解析】基金募集申请获得中国证监会核准前，基金管理人、基金销售机构不得办理基金的销售业务，不能向公众分发、公布基金宣传推介材料或发售基金份额。

75. 【答案】 B

【解析】证券投资基金属于金融服务行业，其市场营销不同于有形产品营销，在运用4Ps理论时其特殊性包括：①规范性；②服务性；③专业性；④持续性；⑤适用性。

76. 【答案】 A

【解析】我国基金销售渠道包括：①基金公司直销；②银行代销；③证券公司代销；④新兴的互联网金融渠道。

77. 【答案】 B

【解析】在促销策略方面，基金销售机构通常采取多种促销手段与投资者进行交流沟通。除采取报刊广告、网络宣传、电台广告、平面广告、派发各种宣传资料、基金产品推介会、费率打折等常用手段外，产品组合营销以及历史上存在过的基金拆分、大比例分红等创新型基金促销手段也不断涌现。

78. 【答案】 B

【解析】Ⅲ项，基金销售人员在陈述所推介基金或同一基金管理人管理的其他基金的过往业绩时，应当客观、全面、准确，并提供业绩信息的原始出处，不能片面夸大过往业绩，也不得预测所推介基金的未来业绩。

79. 【答案】 D

【解析】基金宣传推介材料包括以下几类：①公开出版资料。②宣传单、手册、信函、传真、非指定信息披露媒体上刊发的与基金销售相关的公告等面向公众的宣传资料。③海报、户外广告。④电视、电影、广播、互联网资料、公共网站链接广告、短信及其他音像通信资料。⑤通过报眼及报花广告、公共网站链接广告、传真、短信、非指定信息披露媒体上刊发的与基金分红、销售相关的公告等可以使公众普遍获得的、带有广告性质的基金销售信息。⑥中国证监会规定的其他材料。

80. 【答案】 B

【解析】基金管理公司或基金代销机构应当在分发或公布基金宣传推介材料之日起5个工作日内递交报告材料。

81. 【答案】 D

【解析】基金宣传推介材料登载过往业绩的，需符合：①基金合同生效6个月以上但不满1年的，应当登载从合同生效之日起计算的业绩；②基金合同生效1年以上但不满10年的，应当登载自合同生效当年开始所有完整会计年度的业绩，宣传推介材料公布日在下半年的，还应当登载当年上半年度的业绩；③基金合同生效 10 年以上的，应当登载最近 10 个完整会计年度的业绩；④业绩登载期间基金合同中投资目标、投资范围和投资策略发生改变的，应当予以特别说明。

82. 【答案】 D

【解析】不收取销售服务费的，对持有持续期长 6 个月于的投资人，应当将不低于赎回费总额 25% 的计入基金财产。

83. 【答案】 A

【解析】基金销售机构在基金销售活动中，不得出现下列行为：①在签订销售协议或销售基金的活动中进行商业贿赂；②以排挤竞争对手为目的，压低基金的收费水平；③未经公告擅自变更向基金投资人的收费项目或收费标准，或通过先收后返、财务处理等方式变相降低收费标准；④采取抽奖、回扣或者送实物、保险、基金份额等方式销售基金；⑤其他违反法律、行政法规的规定，扰乱行业竞争秩序的行为。

84. 【答案】 B

【解析】当基金销售机构或基金销售人员的利益与基金投资人的利益发生冲突时，应优先保障基金投资人的合法利益。

85. 【答案】 A

【解析】基金销售的适用性要求基金管理人与基金代销机构相互进行审慎调查。开展审慎调查应当优先根据被调查方公开披露的信息进行，接受被调查方提供的非公开信息使用的，必须对信息的适当性进行尽职甄别。

86. 【答案】 C

【解析】基金公司应当按照技术规范在 18 个月内对新增账户实施开户资料电子化，存量的正常交易类账户应在 36 个月内完成开户资料电子化。

87. 【答案】 C

【解析】基金管理人变更基金份额登记机构的，应在变更前将变更方案报中国证监会备案。基金销售机构、基金份额登记机构应通过中国证监会指定的技术平台进行数据交换，并完成基金注册登记数据在中国证监会指定机构的集中备份存储。

88. 【答案】 D

【解析】基金客户个性化服务内容包括：①做好客户的动态分析；②通过加强客户沟通了解客户深度需求；③做好客户的参谋。

89. 【答案】 C

【解析】投资者教育主要内容有：①投资决策教育；②资产配置教育；③权益保护教育。针对投资者进行的风险教育、风险提示以及为投资者维权提供的有关服务，已经成为各国开展投资者教育的重要内容。

90. 【答案】 A

【解析】基金管理人应对每一个重要的风险及其对应的回报进行评价和平衡，采取包括回避、接受、共担或降低这些风险等措施，风险应对是企业风险管理的整体重要组成部分。

91. 【答案】 C

【解析】基金管理人的内部控制要求部门设置体现权责明确、相互制约的原则。

92.【答案】 D

【解析】岗位职责主要解决的是不相容职务的分离，在设置岗位时应考虑到授权岗位和执行岗位的分离；执行岗位和审核岗位的分离；保管岗位和记账岗位的分离等，通过不相容职责的划分，保证各部门和人员之间的独立性，防止员工的"合谋"舞弊行为。

93.【答案】 A

【解析】岗前教育，是指在基金从业人员就业上岗之前，对其所进行的入职必备知识及职业道德的教育。岗前教育主要是通过职业资格考试来督促完成的。

94.【答案】 A

【解析】适用于简易程序的产品包括常规股票基金、混合基金、债券基金、指数基金、货币基金、发起式基金、合格境内机构投资者（QDII）基金、理财基金和交易型指数基金（含单市场、跨市场/跨境 ETF）及其联接基金。分级基金和中国证监会认定的其他特殊产品暂不实行简易程序。

95.【答案】 A

【解析】分级基金及中国证监会认定的其他特殊产品暂不实行简易程序注册。

96.【答案】 D

【解析】我国分级基金的募集包括两种方式：合并募集和分开募集。

97.【答案】 A

【解析】折（溢）价率反映封闭式基金份额净值与其二级市场价格之间的关系。折（溢）价率的计算公式是：折（溢）价率 =（二级市场价格 − 基金份额净值）/基金份额净值 × 100% =（二级市场价格/基金份额净值 − 1）× 100%，从公式中可知价格与净值同比例下降时，折价率不变。

98.【答案】 C

【解析】单个开放日基金净赎回申请超过基金总份额的 10% 时，为巨额赎回。单个开放日的净赎回申请，是指该基金转换中该基金的转出申请加上基金的赎回申请之和，扣除当日发生的该基金申购申请及基金转换中该基金的转入申请之和后得到的余额。

99.【答案】 D

【解析】投资者申购基金成功后，登记机构会在 T+1 日为投资者办理增加权益的登记手续，投资者自 T+2 日起有权赎回该部分基金份额。

100.【答案】 D

【解析】开放式基金份额的登记，是指注册登记机构通过设立和维护基金份额持有人名册，确认基金份额持有人持有基金份额的事实的行为。

全国基金从业人员执业资格考试热题库

《基金法律法规、职业道德与业务规范》模拟试卷（三）

单项选择题（共100题，每小题1分，共100分。下列选项中只有一项最符合题目要求。不选、错选均不得分）

1. 下列不属于金融市场构成要素的是（　　）。
   A. 外部环境　　　　　　　　　　B. 市场参与者
   C. 金融交易的组织方式　　　　　D. 金融工具

2. 下列关于金融资产的叙述，错误的是（　　）。
   A. 金融资产是代表未来收益或资产合法要求权的凭证
   B. 一般分为债权类金融资产和股权类金融资产两类
   C. 表明了交易双方的所有权关系和债权关系
   D. 未标示明确的价值

3. 基金业协会根据（　　）的特点将我国资产管理行业的范围进行了界定。
   A. 资金流向、投资规模、管理方式和权利义务
   B. 资金来源、投资规模、管理方式和权利义务
   C. 资金流向、投资范围、管理方式和权利义务
   D. 资金来源、投资范围、管理方式和权利义务

4. 投资基金按照（　　）划分，可将投资基金分为契约型、公司型、有限合伙型等形式。
   A. 资金募集方式　　　　　　　　B. 所投资的对象的不同
   C. 运作方式　　　　　　　　　　D. 法律形式

5. 证券投资基金具有集合投资的特点，集合投资的优点是（　　）。
   A. 具有规模优势　　　　　　　　B. 强化监管
   C. 收益稳定　　　　　　　　　　D. 风险固定

6. 以下不同投资工具投资收益与风险的说法中，正确的是（　　）。
   A. 债券是一种债权关系，所以债券投资基本上没有什么风险
   B. 股票价格的波动性较大，是一种高风险、高收益的投资品种
   C. 基金可以投资于众多金融工具或产品，所以风险有限，收益相对较高
   D. 银行存款利率相对固定，投资者绝对没有损失本金的风险

7. 股票反映的是一种（　　）。
   A. 债务关系　　　B. 债权关系　　　C. 所有权关系　　　D. 信托关系

8. 我国基金监管法律法规体系的核心不包括（　　）。
   A.《证券投资基金法》　　　　　　B.《证券法》

C. 《基金运作管理办法》　　　　　　D. 《基金管理公司管理办法》

9. 公司型基金与契约型基金的主要区别是（　　）。
   A. 基金是否为独立的法人　　　　　B. 基金是否上市交易
   C. 基金规模是否变化　　　　　　　D. 基金募集是否为公募

10. 关于开放式基金和封闭式基金，下列说法不正确的是（　　）。
    A. 与封闭式基金相比，开放式基金资产的流动性更强，在一定程度上有利于基金长期业绩的提高
    B. 封闭式基金的基金份额是固定的，开放式基金规模不固定，投资者可随时提出申购或赎回申请
    C. 封闭式基金的交易价格主要受二级市场供求关系的影响，开放式基金的买卖价格不受市场供求关系的影响
    D. 封闭式基金一般有一个固定的存续期，而开放式基金一般无特定存续期限

11. 世界上最早的证券投资基金即英国"海外及殖民地政府信托基金"成立于（　　）年。
    A. 1768　　　　B. 1420　　　　C. 1868　　　　D. 1686

12. 在证券交易所挂牌上市的我国第一只基金为（　　）。
    A. 天骥基金　　B. 开元基金　　C. 淄博基金　　D. 金泰基金

13. 根据运作方式分类，可以将基金分为（　　）。
    A. 契约型基金和公司型基金
    B. 股票基金、债券基金、货币基金和混合基金
    C. 公募基金和私募基金
    D. 封闭式基金和开放式基金

14. 以下哪项关于上市开放式基金（LOF）的描述是错误的？（　　）
    A. 可以在场内市场进行申购赎回
    B. 可以在场外市场进行申购赎回
    C. 不可以跨市场转托管
    D. 是我国对证券投资基金的一种本土化创新

15. 根据中国证监会对基金类别的分类标准，基金资产（　　）以上投资于债券的为债券基金。
    A. 50%　　　　B. 80%　　　　C. 70%　　　　D. 90%

16. 通过对基金持股的（　　）分析，可以看出基金是偏好大盘股投资、中盘股投资还是小盘股投资。
    A. 平均市盈率　　B. 平均市准率　　C. 持股数量　　D. 平均市值

17. 根据中国证监会2010年10月26日公布的《关于保本基金的指导意见》，下列不属于现阶段我国保本基金的保本保障机制的是（　　）。
    A. 基金管理人对基金份额持有人的投资本金承担保本清偿义务
    B. 保本义务人在保本基金到期出现亏损时，负责向基金份额持有人偿付相应损失
    C. 基金管理人与符合条件的担保人签订保证合同，由担保人和基金管理人对投资

人承担连带责任

D. 基金管理人与符合条件的保本义务人签订风险买断合同的,保本义务人在向基金份额持有人偿付损失后,仍有向基金管理人追偿的权利

18. 能够进行实时套利交易的基金是（　　）。
   A. 伞型基金　　　B. LOF　　　C. ETF　　　D. 保本基金

19. 以下关于 ETF 和 LOF 的说法正确的是（　　）。
   A. ETF、LOF 与投资者交换的都是基金份额与一篮子股票
   B. 都具备开放式基金可以申购、赎回和场内交易的特点
   C. ETF、LOF 都通常采用完全被动式管理方法
   D. ETF、LOF 的申购、赎回都必须通过交易所进行

20. 我国基金监管的目标不包括（　　）。
   A. 保护市场的公平、效率和透明　　　B. 保证基金管理公司不倒闭
   C. 规范证券投资基金活动　　　D. 保护投资者的利益

21. 下面不属于基金监管所依据的部门规章或规范性文件的是（　　）。
   A.《证券投资基金管理公司管理办法》
   B.《公开募集证券投资基金销售公平竞争行为规范》
   C.《公开募集证券投资基金运作管理办法》
   D.《证券投资基金销售管理办法》

22. 依据《证券投资基金法》的规定,中国证监会无权采取的监管措施是（　　）。
   A. 检查　　　B. 调查取证　　　C. 刑事处罚　　　D. 限制交易

23. 公开募集基金管理公司的注册资本应不低于（　　）,且必须为实缴货币资本。
   A. 2 亿元　　　B. 1 亿元　　　C. 20 亿元　　　D. 5 亿元

24. 基金管理公司投资管理人员,不包括（　　）。
   A. 公司投资决策委员会成员
   B. 公司交易员
   C. 公司投资、研究、交易部门的负责人
   D. 基金经理助理

25. 关于担任基金托管人的条件,以下描述错误的是（　　）。
   A. 有安全高效的清算、交割系统
   B. 取得基金从业资格的专职人员达到法定人数
   C. 设有专门的基金投资部门
   D. 净资产和风险控制指标符合有关规定

26. 中国证监会对基金托管人的监管措施不包括（　　）。
   A. 对基金托管人职责终止的监管措施
   B. 追究基金托管人相关责任人的刑事责任
   C. 取消托管资格措施
   D. 责令整改措施

27. 根据《证券投资基金法》的规定,基金财产不得用于下列（　　）投资活动？

A. 买卖股票　　　　B. 买卖国债　　　　C. 买卖企业债券　　D. 买卖地产

28. 基金份额持有人大会不可以由（　　）提议召集。
    A. 代表基金份额10%以上的基金份额持有人
    B. 基金托管人
    C. 基金审计机构
    D. 基金管理人

29. 关于公募基金基金份额持有人大会可行使的职权，以下表述错误的是（　　）。
    A. 决定更换基金托管人　　　　　　B. 决定更换基金管理人
    C. 决定终止基金合同　　　　　　　D. 决定更换基金销售人

30. 基金份额持有人大会应当有代表（　　）以上基金份额的持有人参加，方可召开。
    A. 1/4　　　　　B. 1/3　　　　　C. 1/2　　　　　D. 2/3

31. 道德与法律是社会行为规范最重要的两种形式，关于道德与法律的联系，下列说法正确的是（　　）。
    A. 如果某些行为违反了法律，该行为一定是违反道德的
    B. 绝大多数的道德规范都是以法律作为价值基础的
    C. 法律的实施对道德观念的培养具有强化促进作用
    D. 道德在调整范围和约束力两方面均对法律有补充作用

32. 以下关于道德具有的特征说法不正确的是（　　）
    A. 形态性　　　　B. 差异性　　　　C. 继承性　　　　D. 约束性

33. 一般社会道德、职业道德基本规范在基金行业的具体化是指（　　）。
    A. 基金相关的法律规范　　　　　　B. 公民道德
    C. 基金职业道德　　　　　　　　　D. 基金从业人员职业素养

34. （　　）是正当竞争的基础。
    A. 公平竞争　　　B. 合法竞争　　　C. 有序竞争　　　D. 公开竞争

35. 基金宣传推介材料登载过往业绩，基金合同生效10年以上的，应当登载（　　）。
    A. 从合同生效之日起计算的业绩
    B. 当年上半年的业绩
    C. 最近10个完整会计年度的业绩
    D. 自合同生效当年开始所有完整会计年度的业绩

36. 下列符合诚实守信规范要求的是（　　）。
    A. 公平、合法、有序地进行竞争
    B. 低于基金销售成本销售基金
    C. 压低基金的收费水平
    D. 采取抽奖、回扣或者赠送实物、保险、基金份额等方式销售基金

37. 某基金经理甲为了能够争取到更多客户，承诺向客户赠送一定的基金份额，他的做法违反了（　　）原则。
    A. 不得进行内幕交易　　　　　　　B. 不得进行不正当竞争
    C. 不得操纵市场　　　　　　　　　D. 不得欺诈客户

38. 某基金从业人员 A 进入基金公司后,参加了基金销售人员从业考试,但成绩尚未公布,未取得资格证书。在公司的某次基金产品宣传活动中,A 参与此次活动并向投资者推荐基金产品,该行为违反了(   )原则。
    A. 诚实守信   B. 专业审慎   C. 守法合规   D. 客户至上

39. 下列行为中违反忠诚尽责职业道德要求的是(   )。
    A. 离职人员未完成工作交接的,不得擅自离岗
    B. 保护公司财产与信息安全
    C. 从业人员离职后无须遵守竞业禁止要求
    D. 防止所在机构资产损坏、丢失

40. 基金经理甲在任职 A 公司期间,将公司对某一行业的研究报告发送给了在 B 公司工作的同学乙,其行为违反了(   )要求。
    A. 忠诚敬业   B. 保守秘密   C. 廉洁公正   D. 专业审慎

41. 在我国基金募集申请监督的实践中,募集申请的核准由(   )负责。
    A. 证券交易所   B. 中国证券业协会
    C. 专家评审会   D. 中国证监会

42. 根据《证券投资基金法》的规定,封闭式基金成立的最低要求为(   )。
    A. 基金份额持有人人数达到 10000 人以上
    B. 基金份额总额达到核准规模的 60% 以上
    C. 基金份额总额超过核准的最低募集份额总额
    D. 基金份额总额达到核准规模的 80% 以上

43. 基金管理人自收到验资报告之日起(   )日内,向中国证监会提交备案申请和验资报告,办理基金的备案手续。
    A. 3   B. 7   C. 10   D. 20

44. 我国基金管理人进行基金的募集,必须向(   )提交相关文件。
    A. 中国银监会   B. 中国证监会   C. 中国保监会   D. 中国人民银行

45. 场外募集的 LOF 基金份额注册登记在(   )。
    A. 基金托管人的注册登记系统
    B. 中国证券登记结算公司的开放式基金注册登记系统
    C. 基金管理人的注册登记系统
    D. 中央国债登记结算公司的注册登记系统

46. 根据中国证监会 2007 年 3 月对开放式基金认购费计算方法的统一规定,基金认购费的计算公式为(   )。
    A. 认购费 = 净认购金额 ×(1 - 认购费率)
    B. 认购费 = 认购金额 × 认购费率
    C. 认购费 = 净认购金额 × 认购费率
    D. 认购费 = 认购金额 ×(1 - 认购费率)

47. 封闭式基金交易折(溢)价率的计算公式为(   )。
    A. 折(溢)价率 =(二级市场价格 - 基金份额净值)/ 基金份额净值 ×100%

B. 折（溢）价率 =（二级市场价格－基金份额净值）/二级市场价格×100%

C. 折（溢）价率 =（二级市场价格－基金份额总值）/基金份额总值×100%

D. 折（溢）价率 =（二级市场价格－基金份额总值）/二级市场价格×100%

48. 股票基金、债券基金申购和赎回通常应遵循（　　）原则。
   A. 金额申购、金额赎回　　　　　　B. 金额申购、份额赎回
   C. 份额申购、金额赎回　　　　　　D. 份额申购、份额赎回

49. 关于基金认购与基金申购的区别，以下表述正确的是（　　）。
   A. 认购份额有封闭期，申购份额确认当日可以赎回
   B. 认购通常是按未知价申请，申购通常按确定价可以赎回
   C. 认购费一般高于申购费
   D. 认购份额要在基金合同生效时确认，申购份额通常在 T+2 日内确认

50. 某投资人投资 1 万元申购某开放式基金，申购费率为 1.5%，假定申购当日基金份额净值为 1.05 元，则其可得到的申购份额为（　　）份。
   A. 9280.95   B. 9383.07   C. 9350.95   D. 9480.95

51. 某投资人赎回某基金 1 万份基金份额，持有时间为 8 个月，对应的赎回费率为 0.5%，假设赎回当日基金份额净值是 1.05 元，则其可得到的赎回金额为（　　）元。
   A. 10347.5   B. 10227.5   C. 10447.5   D. 10497.5

52. 关于开放式基金申购费、认购费和赎回费的论述错误的是（　　）。
   A. 认购费可以前端收取，也可以后端收取
   B. 申购费可以前端收取，也要以后端收取
   C. 可以根据投资者的持有期限长短分段设置赎回费率
   D. 如果采用后端收费的方式，则可以根据投资者的持有期限长短分段设置认购费率或申购费率

53. ETF 建仓期通常不超过（　　）。
   A. 2 个月   B. 1 个月   C. 3 个月   D. 4 个月

54. 下列关于 LOF 份额的上市交易，说法错误的是（　　）。
   A. 须由基金管理人向深圳证券交易所提交上市申请
   B. 申报价格最小变动单位为 0.01 元人民币
   C. 基金的募集应符合《证券投资基金法》的规定
   D. 涨跌幅比例为 10%，自上市首日起执行

55. 投资者基金份额账户由（　　）建立。
   A. 基金注册登记机构　　　　　　B. 中央结算公司
   C. 基金销售机构　　　　　　　　D. 基金托管人

56. 投资者的申购（认购）、赎回申请信息由（　　）汇总后传至基金的注册登记机构。
   A. 投资者   B. 销售机构   C. 管理人   D. 托管人

57. 基金宣传推介材料允许（　　）。
   A. 预测基金投资收益　　　　　　B. 完整宣传基金业绩表现

C. 突出强调基金营销时间限制　　　D. 使用机构投资者的推荐信

58. 开放式基金由基金管理人在每个开放日后的第（　　）天进行基金资产净值公告。
    A. 7　　　　　　B. 3　　　　　　C. 2　　　　　　D. 1

59. 根据《证券投资基金信息披露管理办法》，需要出具审计报告的是（　　）。
    A. 季度报告　　　B. 月度报告　　　C. 年度报告　　　D. 半年报告

60. 我国证券投资基金的托管协议是基金管理人与（　　）之间订立的就基金资产保管、资金清算、会计核算等方面达成的协议书。
    A. 基金托管人　　　　　　　　　B. 基金份额持有人
    C. 基金销售人　　　　　　　　　D. 监管机构

61. 我国基金信息披露的规范性文件中，基金信息披露编报规则不包括（　　）。
    A. 交易的业务规则的编制及披露　　B. 主要财务指标的计算及披露
    C. 投资组合报告的编制及披露　　　D. 基金净值表现的编制及披露

62. 基金管理人应当在每个季度结束之日起（　　）工作日内，编制完成基金季度报告，并将季度报告登载在指定报刊和网站上。
    A. 5个　　　　　B. 10个　　　　C. 15个　　　　D. 20个

63. 下列关于基金半年度报告中主要会计数据和财务指标披露的表述，正确的有（　　）。
    A. 需要披露过往4年的主要会计数据和财务指标
    B. 需要披露近3年主要会计数据和财务指标
    C. 需要披露当期的主要会计数据和财务指标
    D. 需要披露过往5年的主要会计数据和财务指标

64. 基金上市交易公告书披露的事项不包括（　　）。
    A. 基金持有人结构　　　　　　　B. 基金托管人报告
    C. 募集情况与上市交易安排　　　D. 基金合同摘要

65. 办理基金开户要求的个人投资者年龄上限为（　　）周岁具有完全民事行为能力人。
    A. 60　　　　　　B. 65　　　　　　C. 70　　　　　　D. 75

66. 目前，我国占基金销售市场份额最大的基金代销机构是（　　）。
    A. 基金销售公司　　B. 证券公司　　C. 保险公司　　D. 商业银行

67. 下列各项中（　　）不属于基金直销的主要形式。
    A. 基金公司委托商业银行代销基金产品
    B. 基金公司专门的销售人员直接开发高净值个人客户
    C. 基金公司自行开发建立电子商务平台销售基金产品
    D. 基金公司专门的销售人员直接开发机构客户

68. 下列关于基金销售机构职责规范的说法，错误的是（　　）。
    A. 未签订书面销售协议，不得办理基金的销售业务
    B. 为客户开立基金账户时，应当对客户的洗钱风险进行等级划分
    C. 任何单位或个人不得以任何形式挪用基金销售结算资金

D. 可以委托其他机构代为办理基金的销售业务

69. 基金市场营销的（　　）是指基金营销作为一种理财产品或服务，需要制度化、规范化的持续性服务的特性。
   A. 服务性　　　　B. 专业性　　　　C. 持续性　　　　D. 适用性

70. 下列关于基金销售方式的描述，错误的是（　　）。
   A. 代销机构的营业网点数量众多，受众范围广
   B. 直销方式是通过基金公司直属的销售队伍进行基金销售，专业性弱
   C. 直销方式的销售网络往往通过基金公司的分支机构网点铺开，数量有限，推广效果有限
   D. 以直销方式销售基金时，基金公司承担固定成本，针对特定目标客户可以大幅降低营销成本

71. 基金销售机构公示的从业资质人员信息，可能不包括（　　）。
   A. 所在营业网点　　　　　　　B. 从业资质证明
   C. 从业年限　　　　　　　　　D. 从业资质证明编号

72. 对基金产品的未来收益进行预测属于（　　）。
   A. 基金宣传推介的禁止行为　　B. 基金管理公司可自主决策的事项
   C. 法规许可的行为　　　　　　D. 需要事先向监管部门申请的事项

73. 下列关于证券投资基金销售宣传推介材料的说法，不正确的是（　　）。
   A. 基金宣传推介材料中含有基金的业绩数据时，无须经托管银行复核
   B. 基金管理人应当确保基金销售宣传推介材料的内容真实、准确
   C. 基金宣传推介材料应当向销售机构经营活动的当地证监局报备
   D. 基金宣传推介材料可以登载该基金、基金管理人的其他基金的过往业绩，但需符合有关规定

74. 基金的宣传推介材料推介保本基金的，应当（　　）。
   A. 充分说明保本基金与银行存款的一致性
   B. 充分说明基金经理的过往业绩
   C. 充分说明保本基金的收益率
   D. 充分揭示保本基金的风险

75. 收取销售服务费的，基金管理人要对持续持有期少于30日的投资人收取不低于（　　）的赎回费。
   A. 2%　　　　　B. 1.5%　　　　C. 1%　　　　D. 0.5%

76. 下列对于基金销售渠道审慎调查的表述，正确的是（　　）。
   A. 基金管理人对基金代销机构的审慎调查
   B. 基金管理人和基金代销机构相互进行审慎调查
   C. 基金代销机构对基金管理人的审慎调查
   D. 以上说法都正确

77. 关于基金产品风险评价，说法错误的是（　　）。
   A. 基金产品的风险评价可以由基金销售机构的特定部门完成

B. 过往的评价结果应当作为历史保存

C. 基金评价的方法应当保密

D. 评价的结果应当定期更新

78. 以下不属于基金客户服务原则的是（　　）。
    A. 专业规范　　　B. 审慎客观　　　C. 有效沟通　　　D. 客户至上

79. （　　）即号召投资者为改变其投资决策的社会和市场环境进行主动参与与保护自身权益。
    A. 投资决策教育　B. 资产配置教育　C. 风险防范教育　D. 权益保护教育

80. 下列不属于基金管理人内部控制基本要素的是（　　）。
    A. 内部监控　　　B. 管理层授权　　C. 信息沟通　　　D. 控制环境

81. 基金管理公司和基金组织建立了一系列内部风险控制机制和风险管理制度，下列（　　）不属于这些机制和制度。
    A. 风险控制制度　　　　　　　　　B. 内部稽核监控制度
    C. 基金公司投资决策委员会制度　　D. 信息技术系统管理制度

82. 基金公司各机构、部门、岗位职责保持相对独立，基金资产、自有资产、其他资产的运作应当分离，这样体现的是基金管理公司内部控制的（　　）原则。
    A. 独立性　　　　B. 相互制约　　　C. 有效性　　　　D. 健全性

83. 完成某个环节的工作需有来自彼此独立的两个部门或人员协调运作、相互监督、相互制约、相互证明，这属于内部控制中的（　　）。
    A. 健全性规范　　B. 纵向关系制约　C. 横向关系制约　D. 独立性规范

84. 基金公司的内部控制机制由（　　）。
    A. 仅限财务部门与审计部门参与　　B. 仅限管理人员与财务部门参与
    C. 全体员工共同参与　　　　　　　D. 仅限中层和高层管理人员参与

85. 公司内部控制的核心是（　　）。
    A. 明确责任　　　B. 权力制衡　　　C. 风险控制　　　D. 严格授权

86. 内部控制必须随着有关法律、法规的调整和经营方针、经营理念等外部环境的变化及时修改或完善，这体现了制定内部控制制度的（　　）原则。
    A. 审慎性　　　　B. 全面性　　　　C. 适时性　　　　D. 合规性

87. 下列关于基金交易业务控制，说法错误的是（　　）。
    A. 建立完善的交易记录制度，每日投资组合列表等应当及时核对并存档保管
    B. 建立交易监测系统、预警系统和交易反馈系统，完善相关的安全设施
    C. 公司应当执行公平的交易分配制度，确保不同投资者的利益能够得到公平对待
    D. 基金经理可以直接向交易员下达投资指令或者直接进行交易

88. 以下关于基金会计核算，表述错误的是（　　）。
    A. 基金管理公司的经营活动和证券投资基金的投资管理活动应独立建账、独立核算
    B. 建立严格的成本控制和业绩考核制度，强化会计的事前、事中和事后监督
    C. 为了提高核算效率，同一基金管理公司管理的所有基金可以合并建账、统一核算
    D. 基金会计核算主体为证券投资基金

89. 关于基金公司的财务人员休产假，为控制人力成本，公司安排基金会计兼职从事公司财务清算工作。按照内控要求，以下描述正确的是（　　）。
   A. 违反了效率性原则　　　　　　B. 体现了有效性原则
   C. 体现了成本效益原则　　　　　D. 违反了独立性原则

90. 中国证监会对基金管理公司的监管要求、整改通知及处罚措施等应当列入（　　）的通报事项。
   A. 董事会　　　B. 监事会　　　C. 管理层　　　D. 业务部门

91. 在不违反法律、法规的前提下，公司必须保证给客户的所有建议和为客户进行的所有交易都是本着（　　）的原则。
   A. 客户利益第一　B. 独立　　　C. 客观合理　　D. 谨慎专业

92. 基金管理人的（　　）是基金市场竞争的核心。
   A. 产品设计　　B. 投资管理　　C. 风险控制　　D. 销售环节

93. 为保护基金投资人的利益，有关法规明确确定，基金管理人应当自收到投资者的申请（认购）、赎回申请之日起（　　）个工作日内，对该申购（认购）、赎回申请的有效性进行确认。
   A. 1　　　　　B. 2　　　　　C. 3　　　　　D. 4

94. 基金管理人应当在每个季度结束之日起（　　）个工作日内编制完成季度报告并对外披露。
   A. 15　　　　B. 20　　　　C. 10　　　　D. 30

95. 基金信息披露最主要的责任人是（　　）。
   A. 基金上市交易的证券交易所　　B. 基金管理人
   C. 基金注册登记人　　　　　　　D. 基金托管人

96. 基金合同不约定（　　）的权利和义务。
   A. 基金销售机构　　　　　　　　B. 基金托管人
   C. 基金份额持有人　　　　　　　D. 基金管理人

97. 股票基金净值公告的内容不包括（　　）。
   A. 基金份额累计净值　　　　　　B. 基金万份收益
   C. 基金资产净值　　　　　　　　D. 基金份额净值

98. 基金投资组合一般在（　　）中公布。
   A. 周报　　　B. 季报　　　C. 临时报告　　　D. 月报

99. 从事基金销售业务的商业银行，应向（　　）进行注册并取得相应资格。
   A. 工商注册登记所在地的中国证监会派出机构
   B. 中国银监会
   C. 中国证监会
   D. 基金管理公司所在地的中国证监会派出机构

100. 基金管理人应当按照（　　）的约定，向投资人收取销售费用。
    A. 基金销售协议　　　　　　　　B. 理财服务协议
    C. 基金合同　　　　　　　　　　D. 基金资产托管协议

模拟试卷（三）参考答案及解析

1. 【答案】 A

【解析】金融市场的构成要素包括：①市场参与者；②金融工具；③金融交易的组织方式。

2. 【答案】 D

【解析】在金融市场上，资金的供给者通过投资金融工具获得各种类型的金融资产。金融资产是代表未来收益或资产合法要求权的凭证，标示了明确的价值，表明了交易双方的所有权关系和债权关系。一般分为债权类金融资产和股权类金融资产两类。

3. 【答案】 D

【解析】中国证券投资基金业协会（简称基金业协会）从我国金融业实践出发，根据资金来源、投资范围、管理方式和权利义务四方面特点，将我国资产管理行业的范围进行了界定。

4. 【答案】 D

【解析】投资基金：①按照资金募集方式，可分为公募基金和私募基金两类；②按照法律形式，可分为契约型、公司型、有限合伙型等形式；③按照运作方式，可分为开放式、封闭式基金；④按照所投资的对象，可分为证券投资基金、私募股权基金、风险投资基金、对冲基金、另类投资基金。

5. 【答案】 A

【解析】证券投资基金是一种集中资金、专业理财、组合投资、分散风险的集合投资方式。基金将众多投资者的资金集中在一起，委托基金管理人进行共同投资，表现出一种集合理财的特点。通过汇集众多投资者的资金，积少成多，有利于发挥资金的规模优势，减少投资成本。

6. 【答案】 B

【解析】A项，债券能够给投资者带来较为确定的利息收入，波动性也较股票要小，是一种低风险、低收益的投资品种；C项，基金的投资收益及风险取决于基金种类以及其投资的对象，总体来说因为基金可以投资于众多金融工具或产品，能有效分散风险，所以它是一种风险相对适中、收益相对稳健的投资品种；D项，银行存款利率相对固定，投资者损失本金的可能性也非常小。

7. 【答案】 C

【解析】股票是一种所有权凭证，反映的是所有权关系。

8. 【答案】 B

【解析】针对基金业出现的问题，中国证监会在《证券投资基金法》的框架下先后出台了《基金管理公司管理办法》《基金运作管理办法》《基金销售管理办法》《基金信息披露管理办法》等六项行政规章以及若干配套监管文件，形成了以"一法六规"为核心的比较完善的监督管理法规体系。

9. 【答案】 A

【解析】契约型基金与公司型基金的区别包括：①法律主体资格不同，契约型基金不具有法人资格，而公司型基金具有法人资格；②投资者的地位不同，与公司型基金的股东大会相比，契约型基金持有人大会赋予基金持有者的权利相对较小；③基金营运依据不同，契约型基金依据基金合同营运基金，而公司型基金依据基金公司章程营运基金。

10．【答案】　A

【解析】因为开放式基金的份额不固定，为满足基金赎回的需要，开放式基金必须保留一定的现金资产，并高度重视基金资产的流动性，这在一定程度上会给基金的长期经营业绩带来不利影响。

11．【答案】　C

【解析】世界上第一只公认的证券投资基金——"海外及殖民地政府信托"诞生于1868年的英国。

12．【答案】　C

【解析】1992年11月，经中国人民银行总行批准的国内第一只投资基金——淄博乡镇企业投资基金（淄博基金）正式设立，并在1993年8月在上海证券交易所挂牌上市，成为我国首只在证券交易所上市交易的投资基金。

13．【答案】　D

【解析】投资基金根据运作方式，可分为封闭式基金和开放式基金。

14．【答案】　C

【解析】上市开放式基金是一种既可在场外市场进行基金份额申购、赎回，又可在交易所（场内市场）进行基金份额交易及基金份额申购或赎回的开放式基金，它是我国对证券投资基金的一种本土化创新，可跨市场转托管。

15．【答案】　B

【解析】债券基金主要以债券为投资对象。根据中国证监会对基金类别的分类标准，基金资产80%以上投资于债券的是债券基金。

16．【答案】　D

【解析】按照股票市值的大小将股票分为小盘股票、中盘股票与大盘股票，是一种最基本的股票分析方法。通过对平均市值的分析，可看出基金对大盘股、中盘股及小盘股的投资风险暴露情况。同理，可用基金所持有的全部股票的平均市盈率、平均市净率的大小，判断股票基金是倾向于投资价值型股票还是成长型股票。

17．【答案】　D

【解析】基金管理人和符合条件的保本义务人签订风险买断合同后，保本义务人在保本基金到期出现亏损时，负责向基金份额持有人赔偿相应损失。保本义务人在向基金份额持有人偿付损失后，放弃向基金管理人追偿的权利。

18．【答案】　C

【解析】ETF的独特之处在于实行一级市场和二级市场交易同步进行的制度安排，所以投资者可以在ETF二级市场交易价格与基金份额净值两者之间存在差价时进行套利交易。

19．【答案】　B

【解析】A项，ETF与投资者交换的是基金份额与一篮子股票，LOF的申购、赎回是基金份额与现金的对价；C项，ETF通常采用完全被动式管理方法，LOF则是普通的开放式基金；D项，ETF的申购、赎回通过交易所进行，LOF的申购、赎回既可以在代销网点进行，也可以在交易所进行。

20．【答案】 B

【解析】我国基金监管的目标包括：①保护投资人及相关当事人的合法权益；②规范证券投资基金活动；③促进证券投资基金和资本市场的健康发展。另外，在加强对基金行业和基金市场规范和监管的同时，进一步为我国基金业发展创造良好的环境，鼓励创新，推动我国基金市场开展公平、有序的竞争，促进证券投资基金和资本市场的健康发展，也是基金监管的重要目标。

21．【答案】 B

【解析】《公开募集证券投资基金销售公平竞争行为规范》属于基金监管中的自律规则。

22．【答案】 C

【解析】中国证监会依法履行职责，有权采取以下监管措施：①检查；②调查取证；③限制交易；④行政处罚。

23．【答案】 B

【解析】公开募集基金管理公司应具备的条件之一是：注册资本不低于1亿元人民币，且必须为实缴货币资本。

24．【答案】 B

【解析】基金管理公司投资管理人员具体包括：公司投资决策委员会成员，公司分管投资、研究、交易业务的高级管理人员，公司投资、研究、交易部门的负责人，基金经理、基金经理助理以及中国证监会规定的其他人员。

25．【答案】 C

【解析】担任基金托管人，应当具备以下条件：①净资产和风险控制指标符合有关规定；②设有专门的基金托管部门；③取得基金从业资格的专职人员达到法定人数；④有安全保管基金财产的条件；⑤有安全高效的清算、交割系统；⑥有符合要求的营业场所、安全防范设施和与基金托管业务有关的其他设施；⑦有完善的内部稽核监控制度和风险控制制度；⑧法律、行政法规规定的和经国务院批准的中国证监会、中国银监会规定的其他条件。

26．【答案】 B

【解析】中国证监会对基金托管人的监管措施包括：①责令整改措施；②取消托管资格措施；③对基金托管人职责终止的监管措施。

27．【答案】 D

【解析】基金财产不得用于下列投资或活动：①承销证券；②违反规定向他人贷款或者提供担保；③从事承担无限责任的投资；④买卖其他基金份额，但是中国证监会另有规定的除外；⑤向基金管理人、基金托管人出资；⑥从事内幕交易、操纵证券交易价格及其他不正当的证券交易活动；⑦法律、行政法规和中国证监会规定禁止的其他活动。

28．【答案】 C

【解析】基金份额持有人大会由基金管理人召集。基金份额持有人大会设立日常机构的，由该日常机构召集；该日常机构未召集的，可由基金管理人召集。基金管理人未按规定召集或不能召开的，由基金托管人召集。代表基金份额10%以上的基金份额持有人就同一事项要求召开基金份额持有人大会,而基金份额持有人大会的日常机构、基金管理人、基金托管人都不召集的,代表基金份额10%以上的基金份额持有人有权自行召集,并报中国证监会备案。

29. 【答案】   D

【解析】基金份额持有人大会由全体基金份额持有人组成,行使下列职权:①决定基金扩募或者延长基金合同期限;②决定修改基金合同的重要内容或者提前终止基金合同;③决定更换基金管理人、基金托管人;④决定调整基金管理人、基金托管人的报酬标准;⑤基金合同约定的其他职权。

30. 【答案】   C

【解析】基金份额持有人大会应当有代表1/2以上基金份额的持有人参加,方可召开。召集人可以在原公告的基金份额持有人大会召开时间的3个月以后、6个月以内,就原定审议事项重新召集基金份额持有人大会,有代表1/3以上基金份额的持有人参加,方可召开。

31. 【答案】   C

【解析】A项,法律调整的内容并不限于道德调整范畴;B项,绝大多数的法律规范是以道德作为价值基础的;D项,法律在约束力上对道德具有补充作用。

32. 【答案】   A

【解析】道德具有的特征有:差异性、继承性、约束性、具体性。

33. 【答案】   C

【解析】基金职业道德是通常社会道德、职业道德基本规范在基金行业的具体化,是基于基金行业以及基金从业人员所承担的特定的职业义务和责任,在长期的基金职业实践中所形成的职业行为规范。

34. 【答案】   B

【解析】基金从业人员应当公平、合法、有序地进行竞争,具体而言:①公平竞争是正当竞争的前提,要求竞争的内容要公平;②合法竞争是正当竞争的基础,要求竞争的手段要合法;③有序竞争是正当竞争的表现,正当竞争是在公平、合法的基础上,按照市场经济基本规则进行的有秩序的竞争。

35. 【答案】   C

【解析】基金宣传推介材料登载过往业绩,基金合同生10年以效上的,应当登载最10近个完整会计年度的业绩。

36. 【答案】   A

【解析】诚实守信规范要求基金从业人员严禁进行不正当竞争,不得以排挤竞争对手为目的,压低基金的收费水平,低于基金销售成本销售基金;禁止采取抽奖、回扣或者赠送实物、保险、基金份额等方式销售基金。基金从业人员应当公平、合法、有序地进行竞争。

37. 【答案】   B

【解析】诚实守信原则要求基金从业人员不得进行不正当竞争,不得以排挤竞争对手为目的,压低基金的收费水平,低于基金销售成本销售基金;不得采取抽奖、回扣或者赠送实物、保险、基金份额等方式销售基金。基金从业人员应当公平、合法、有序地进行竞争。

38. 【答案】   B

【解析】专业审慎原则要求基金从业人员必须通过基金从业人员资格考试，取得基金从业资格，并经由所在机构向基金业协会申请执业注册后，方可执业。

39. 【答案】 C

【解析】忠诚尽职的职业道德要求已完成工作移交的从业人员必须按照聘用合同的规定，认真履行保密、竞业禁止等义务。

40. 【答案】 B

【解析】甲违反了保守秘密的规范要求。研究报告属于商业秘密，甲利用职务之便私自外传，属于泄露商业秘密的行为。

41. 【答案】 D

【解析】国务院证券监督管理机构应当自受理公开募集基金的募集注册申请之日起6个月内依照法律、行政法规及国务院证券监督管理机构的规定进行审查，作出注册或者不予注册的决定，并通知申请人；不予注册的，应当说明理由。

42. 【答案】 D

【解析】基金募集期限届满，封闭式基金应满足募集的基金份额总额达到核准规模的80%以上，并且基金份额持有人人数达到200人以上；开放式基金需满足募集份额总额不少于2亿份，基金募集金额不少于2亿元人民币，基金份额持有人的人数不少于200人。

43. 【答案】 C

【解析】基金管理人应当自募集期限届满之日起10日内聘请法定验资机构验资。自收到验资报告之日起10日内，向中国证监会提交备案申请和验资报告，办理基金备案手续。

44. 【答案】 B

【解析】我国基金管理人进行基金的募集，必须依据《证券投资基金法》的有关规定，向中国证监会提交相关文件。

45. 【答案】 B

【解析】LOF份额的认购分场外认购和场内认购两种。场外认购的基金份额注册登记在中国证券登记结算有限责任公司的开放式基金注册登记系统。场内认购的基金份额注册登记在中国证券登记结算有限责任公司的证券登记结算系统。

46. 【答案】 C

【解析】根据规定，基金认购费率将统一以净认购金额为基础收取，计算公式为：认购费用＝净认购金额×认购费率；净认购金额＝认购金额/（1＋认购费率）；认购份额＝（净认购金额＋认购利息）/基金份额面值。

47. 【答案】 A

【解析】折（溢）价率的计算公式为：折（溢）价率＝（二级市场价格－基金份额净值）/基金份额净值×100% ＝二级市场价格/（基金份额净值－1）×100%。

48. 【答案】 B

【解析】股票基金、债券基金申购和赎回应遵循的原则有：①未知价交易原则；②金额申购、份额赎回原则。

49. 【答案】 D

【解析】基金认购与基金申购略有不同，一般区别包括：①认购费通常低于申购费，在基金募集期内认购基金份额,一般会享受到一定的费率优惠。②认购是按1元进行认购,而申购一般是按未知价确认。③认购份额要在基金合同生效时确认,并且有封闭期;而申购份额通常在T+2日之内确认,确认后的下一工作日即可赎回。

50.【答案】 B

【解析】基金的净申购金额=申购金额/(1+申购费率)=10000/(1+1.5%)=9852.22(元);申购份额=净申购金额/申购当日基金份额净值=9852.22/1.05=9383.07(份)。

51.【答案】 C

【解析】赎回金额=赎回总额-赎回费用;赎回总额=赎回数量×赎回日基金份额净值;赎回费用=赎回总额×赎回费率。本题中,赎回总额=10000×1.05=10500(元),赎回费用=10500×0.5%=52.5(元),赎回金额=10500-52.5=10447.5(元)。

52.【答案】 C

【解析】场外赎回可分段设置赎回费率,但场内赎回只能采用固定赎回费率。

53.【答案】 C

【解析】ETF的基金合同生效后,基金管理人应逐渐调整实际组合直至达到跟踪指数要求,此过程为ETF建仓阶段。ETF建仓期不超过3个月。

54.【答案】 B

【解析】买入LOF申报数量应当为100份或其整数倍,申报价格最小变动单位为0.001元人民币。

55.【答案】 A

【解析】基金注册登记机构的主要职责有:①建立并管理投资者基金份额账户;②负责基金份额登记,确认基金交易;③发放红利;④建立并保管基金投资者名册;⑤基金合同或者登记代理协议规定的其他职责。

56.【答案】 B

【解析】投资者的申购、赎回申请信息通过代销机构网点传送到代销机构总部,由代销机构总部将本代销机构的申购、赎回申请信息汇总后统一传送至注册登记机构。

57.【答案】 B

【解析】基金宣传推介材料必须真实、准确,与基金合同、基金招募说明书相符,不得有以下情形:①虚假记载、误导性陈述或者重大遗漏;②预测基金的证券投资业绩;③违规承诺收益或者承担损失;④诋毁其他基金管理人、基金托管人或者基金销售机构,或者其他基金管理人募集或者管理的基金;⑤夸大或者片面宣传基金,违规使用安全、保证、承诺、保险、避险、有保障、高收益、无风险等可能使投资人认为没有风险的或者片面强调集中营销时间限制的表述;⑥登载单位或者个人的推荐性文字;⑦中国证监会规定的其他情形。

58.【答案】 D

【解析】开放式基金在开始办理申购或者赎回前,至少每周公告一次资产净值和份额净值;开放申购赎回后,应于每个开放日的次日披露基金份额净值和份额累计净值。

59.【答案】 C

【解析】会计师事务所需要对基金年度报告中的财务报告、基金清算报告等进行审计,律师事务所需要对基金招募说明书、基金清算报告等文件出具法律意见书。

60. 【答案】 A

【解析】基金托管协议是基金管理人与基金托管人签订的协议，主要目的在于明确双方在基金财产保管、投资运作、净值计算、收益分配、信息披露以及相互监督等事宜中的权利、义务及职责，确保基金财产的安全，保护基金份额持有人的合法权益。

61. 【答案】 A

【解析】基金运作信息披露文件主要包括基金净值公告、基金定期公告和基金上市交易公告书等。其中，基金定期公告包括基金季度报告、基金半年度报告、基金年度报告。而基金年度报告的内容包括基金管理人和托管人在年度报告披露中的责任、正文与摘要的披露、关于年度报告中的重要提示、基金财务指标的披露、基金净值表现的披露、基金管理人报告的披露、基金财务会计报告的编制与披露、基金投资组合报告的披露、基金持有人信息的披露、开放式基金份额变动的披露。

62. 【答案】 C

【解析】基金管理人应当在每个季度结束之日起15个工作日内，编制完成基金季度报告，并将季度报告登载在指定报刊和网站上。

63. 【答案】 C

【解析】半年度报告仅需披露当期的主要会计数据和财务指标，而年度报告应提供最近3个会计年度的主要会计数据和财务指标。

64. 【答案】 B

【解析】基金上市交易公告书的主要披露事项包括：基金概况、基金募集情况与上市交易安排、持有人户数、持有人结构及前10名持有人、主要当事人介绍、基金合同摘要、基金财务状况、基金投资组合报告、重大事件揭示等。

65. 【答案】 C

【解析】我国相关法律法规规定，办理基金开户要求的个人投资者年龄为18~70周岁具有完全民事行为能力人，而16周岁以上不满18周岁的公民要求提交相关的收入证明才能进行开户。

66. 【答案】 D

【解析】对于大部分基金公司来说，产品销售主要通过商业银行渠道来完成。

67. 【答案】 A

【解析】目前基金公司开展直销主要包括：①专门的销售人员直接开发和维护机构客户和高净值个人客户；②自行开发建立电子商务平台销售基金产品。

68. 【答案】 D

【解析】未经签订书面销售协议，基金销售机构不得办理基金的销售。同时，基金销售机构不能委托其他机构代为办理基金的销售业务。

69. 【答案】 C

【解析】基金营销是一种理财服务，不是一锤子买卖，因此更强调销售服务的持续性。基金销售策略的制订也应特别重视这一点，从而不断扩大客户群体，扩大基金规模。

70. 【答案】 B

【解析】在销售人员方面，直销方式是通过基金公司直属的销售队伍进行基金销售，专业性强。而代销方式下，代销机构则通过其销售队伍进行基金销售，对基金的专业知识、产品特性等方面的掌握程度较直销团队低一些。

71. 【答案】 C

【解析】基金销售机构应通过网络或其他方式向社会公示本机构所属的取得基金销售从业资质的人员信息，公示的内容包括但不限于姓名、从业资质证明及编号、所在营业网点等信息。

72. 【答案】 A

【解析】基金宣传推介材料必须与基金合同、基金招募说明书相符，禁止出现下列情形：①虚假记载、误导性陈述或者重大遗漏；②预测基金的投资业绩；③违规承诺收益或者承担损失；④诋毁其他基金管理人、基金托管人或者基金销售机构，或者其他基金管理人募集或者管理的基金；⑤夸大或者片面宣传基金，违规使用安全、保证、承诺、保险、避险、有保障、高收益、无风险等可能使投资人认为没有风险的或者片面强调集中营销时间限制的表述；⑥登载单位或者个人的推荐性文字；⑦基金宣传推介材料所使用的语言表述应当准确清晰。

73. 【答案】 A

【解析】基金宣传推介材料登载该基金、基金管理人管理的其他基金的过往业绩时，应当真实、准确、合理地表述基金业绩和基金管理人的管理水平。基金业绩表现数据应经基金托管人复核或者摘取自基金定期报告。

74. 【答案】 D

【解析】基金宣传材料中推介保本基金的，应充分揭示保本基金的风险，说明投资者投资于保本基金并不等于将资金作为存款存放在银行或者存款类金融机构，并说明保本基金在极端情况下仍存在本金损失的风险。

75. 【答案】 D

【解析】在基金合同、招募说明书中，基金管理人收取销售服务费的，对持续持有期少于30日的投资人收取不低于0.5%的赎回费，并将上述赎回费全额计入基金财产。

76. 【答案】 D

【解析】基金销售渠道审慎调查包括基金代销机构对基金管理人的审慎调查，基金管理人对基金代销机构的审慎调查。基金销售的适用性要求基金管理人与基金代销机构相互进行审慎调查。

77. 【答案】 C

【解析】基金产品风险评价用基金产品的风险等级来具体反映，基金销售机构所使用的基金产品风险评价方法及其说明，应当通过适当途径向基金投资人公开。

78. 【答案】 B

【解析】基金客户服务原则包括客户至上原则、有效沟通原则、安全第一原则、专业规范原则。

79. 【答案】 D

【解析】权益保护教育即号召投资者为改变其投资决策的社会和市场环境进行主动参与

及保护自身权益。

80.【答案】 B

【解析】基金管理人内部控制的基本要素有控制环境、风险评估、控制活动、信息沟通和内部监控。

81.【答案】 C

【解析】基金管理人的内部控制要求部门设置体现权责明确、相互制约的原则,包括:①严格授权控制;②建立完善的岗位责任制度和科学、严格的岗位分离制度;③严格控制基金财产的财务风险;④建立完善的信息披露制度;⑤建立严格的信息技术系统管理制度;⑥强化内部监督稽核和风险管理系统。

82.【答案】 A

【解析】内部控制的五原则有健全性原则、有效性原则、独立性原则、相互制约原则和成本效益原则,其中独立性指基金管理人各机构、部门和岗位职责应当保持相对独立,基金资产、自有资产、其他资产的运作应当分离。

83.【答案】 C

【解析】就具体的内部控制措施来说,相互牵制必须考虑横向控制和纵向控制两方面的制约关系。从横向关系来讲,完成某个环节的工作需有来自彼此独立的两个部门或人员协调运作、相互监督、相互制约、相互证明;从纵向关系来讲,完成某个工作需经过互不隶属的两个或两个以上的岗位和环节,以使下级受上级监督,上级受下级牵制。

84.【答案】 C

【解析】内部控制机制是指公司的内部组织结构及其相互之间的运作制约关系,即一个企业组织为了实现计划目标,防范和减少风险的发生,由全体员工共同参与,对内部组织机构业务流程进行全过程的介入和监控,采取权力分配、相互制衡手段,制定出系统的、制度保证的运行过程。

85.【答案】 C

【解析】公司内部控制的核心是风险控制,制定内部控制制度应以审慎经营、防范和化解风险为出发点。

86.【答案】 C

【解析】基金管理公司制定内部控制制度应遵循的原则包括:①合法、合规性原则;②全面性原则;③审慎性原则;④适时性原则。其中,适时性原则是指内部控制制度的制定应当随着有关法律法规的调整和公司经营战略、经营方针、经营理念等内外部环境的变化进行及时的修改或完善。

87.【答案】 D

【解析】基金交易应实行集中交易制度,基金经理不得直接向交易员下达投资指令或直接进行交易。

88.【答案】 C

【解析】公司对所管理的基金应以基金为会计核算主体,独立建账。独立核算,确保不同基金之间在名册登记、账户设置、资金划拨、账簿记录等方面相互独立。各基金会计核算应当独立于公司会计核算。

89. 【答案】 D

【解析】独立性指基金管理人各机构、部门及岗位职责应当保持相对独立，基金资产、自有资产、其他资产的运作应当分离。基金管理人内部控制的设立是与其管理模式紧密联系的，基金管理人依照其推行的管理模式设立相应的工作岗位，并赋予其责、权、利，规定独立的操作规程和处理程序。

90. 【答案】 A

【解析】董事会对公司的合规管理承担最终责任，中国证监会对基金管理公司的监管要求、整改通知及处罚措施等应当列入董事会的通报事项。

91. 【答案】 A

【解析】为谋取客户合法利益的最大化，公司对客户负有忠实义务；在不违反法律、法规的前提下，公司必须确保给客户的所有建议和为客户进行的所有交易都是本着客户利益第一的原则。

92. 【答案】 D

【解析】基金管理人的销售环节是基金市场竞争的核心，相关业务人员为了提高销售业绩以及争抢客户，出现违反相关法律法规和公司规章，为基金管理人带来处罚和声誉损失的风险，被称为销售合规性风险。

93. 【答案】 C

【解析】由于基金申购和赎回的资金清算根据注册登记机构的确认数据进行，为保护基金投资人的利益，有关法规明确规定，基金管理人应当自收到投资者的申购（认购）、赎回申请之日起 3 个工作日内，对该申购（认购）、赎回申请的有效性进行确认。

94. 【答案】 A

【解析】在每年结束后 90 日内，在指定报刊上披露年度报告摘要，在管理人网站上披露年度报告全文。在上半年结束后 60 日内，在指定报刊上披露半年度报告摘要，在管理人网站上披露半年度报告全文。在每季结束后 15 个工作日内，在指定报刊和管理人网站上披露基金季度报告。

95. 【答案】 B

【解析】基金信息披露最主要的责任人是基金管理人。对于基金管理人来说，主要负责办理与基金财产管理业务活动有关的信息披露事项，具体涉及基金募集、上市交易、投资运作、净值披露等各环节。

96. 【答案】 A

【解析】基金合同是约定基金管理人、基金托管人及基金份额持有人权利义务关系的重要法律文件。投资者缴纳基金份额认购款项时，即表明其对基金合同的承认和接受，这时基金合同成立。

97. 【答案】 B

【解析】普通基金净值公告主要包括基金资产净值、份额净值及份额累计净值等信息；货币市场基金不像其他类型基金那样定期披露份额净值，而是需要披露收益公告，包括每万份基金收益与最近 7 日年化收益率。股票基金净值公告属于普通基金净值公告。

98. 【答案】 B

【解析】基金季度报告主要包括基金概况、主要财务指标与净值表现、管理人报告、投资组合报告、开放式基金份额变动等内容。在季度报告的投资组合报告中，需要披露基金资产组合、按照行业分类的股票投资组合、前10名股票明细、按照券种分类的债券投资组合、前5名债券明细，投资贵金属、股指期货、国债期货等情况及投资组合报告附注等内容。

99.【答案】 A

【解析】商业银行（含在华外资法人银行）、证券公司、期货公司、保险机构、证券投资咨询机构、独立基金销售机构和中国证监会认定的其他机构从事基金销售业务的，应向工商注册登记所在地的中国证监会派出机构进行注册并取得相应资格。

100.【答案】 C

【解析】基金销售机构应当按照基金合同及招募说明书的约定向投资人收取销售费用。未经招募说明书载明并公告，不得对不同投资人适用不同费率。